INDICE

INTRODUCCION

El presente Manual parte de la idea de que usted, lector, ya elaboró su **PLAN DE EMPRESA.** En él habrá descrito, con el máximo detalle, las características del proyecto para que los posibles inversores decidan si colaborar o no con usted, para poder negociar con sus proveedores, con las entidades financieras, para solicitar ayudas de los organismos públicos…

Como ya sabrá, además de ser la tarjeta de presentación del proyecto, el **Plan de empresa** también es útil para reflexionar y dar coherencia al proceso de creación de la sociedad y analizar la viabilidad de ésta.

Dicho documento habrá incluido un **ANÁLISIS DAFO** lo más completo, realista y sincero posible. Al analizar las Debilidades, Amenazas, Fortalezas y Oportunidades del proyecto se localizaron, desde un punto de vista interno sus puntos fuertes y débiles y, desde un punto de vista externo, las amenazas y oportunidades que tienen lugar allí donde la empresa quiere situarse.

Por supuesto, su **Plan de empresa** contó además con un **ESTUDIO DE MERCADO** que recogió y valoró todos los datos que pudo obtener relativos a:

- El **entorno general**. Este incluyó, entre otros, detalles sobre legislación, situación económica, social y tecnológica que puede influir en la empresa.

- La **competencia**. De esta manera analizó el comportamiento de las otras empresas existentes en el mismo sector en el que quiere operar su empresa.

- Los **consumidores**. Se trataba de conocer con el máximo detalle su comportamiento, sus necesidades, sus hábitos...

Por supuesto, también se informó sobre los pasos a seguir para crear su empresa.

Quizá solo tenga una carencia que se hizo patente en su **Análisis DAFO** al reconocer que no cuenta con las nociones necesarias sobre **ECONOMÍA DE LA EMPRESA**.

Por ello, para subsanar dicha Debilidad, puede serle útil el presente Manual. La idea es darle a conocer algunos de los conceptos sobre Producción, sobre Contabilidad, sobre Marketing... con los que deberá familiarizarse y trabajar a partir de ahora.

Se trata de que, tras su lectura, pueda contar con una nueva **Fortaleza** que, sin duda, le ayudará en su proyecto.

UNIDAD 1. LA EMPRESA

Pablo, Andrea, Irene y Sergio han acabado sus estudios y han conseguido un trabajo en una Asesoría de Empresas. Se saben muy afortunados y piensan aprovechar la oportunidad.

Cada uno de ellos cursó estudios diferentes pero creen que sus conocimientos pueden ser complementarios para cumplir el sueño que desde hace tiempo tienen: crear juntos su propio negocio.

Para ir aprendiendo cuál es el día a día en una empresa están muy interesados en colaborar en todo aquello que se les proponga.

La primera tarea que les han dado ha sido la de repasar toda la documentación de las nuevas sociedades que se quieren constituir. Por ello han de tener claros los diferentes tipos de que existen, el capital mínimo necesario para crearlas, cómo es la responsabilidad de los socios en cada caso, los principales tipos de impuestos...

Comienzan a darse cuenta de que, además, sería útil tener clara cuál es la posición de una empresa en la sociedad, cuáles son los factores productivos o cómo puede ser la relación jerárquica dentro de la empresa.

Por ello, Pablo, Andrea, Irene y Sergio han reunido información sobre dichos temas y se disponen a repasarla.

1.1 Introducción a la Empresa

Para comprender el concepto de Empresa hemos de comenzar por comprender el concepto de **ECONOMIA**. Esta podríamos entenderla como la ciencia que estudia el modo de satisfacer necesidades, las cuales, en la práctica son ilimitadas, con unos medios que a menudo son escasos y susceptibles de usos alternativos. Las personas hemos de actuar en términos económicos pues apenas disponemos de unos Recursos, llámese dinero o tiempo, que hemos de utilizar adecuadamente para conseguir alguno de nuestros deseos. Los Recursos suelen ser escasos y los Deseos suelen ser infinitos por lo que hemos de hacer una selección de los que podremos alcanzar y prescindir de los otros.

En toda sociedad podemos encontrar varios **AGENTES ECONOMICOS** que se agrupan en tres categorías según su papel en la actividad económica del sistema. Estos son las **Familias,** las **Empresas** y el **Sector Público**.

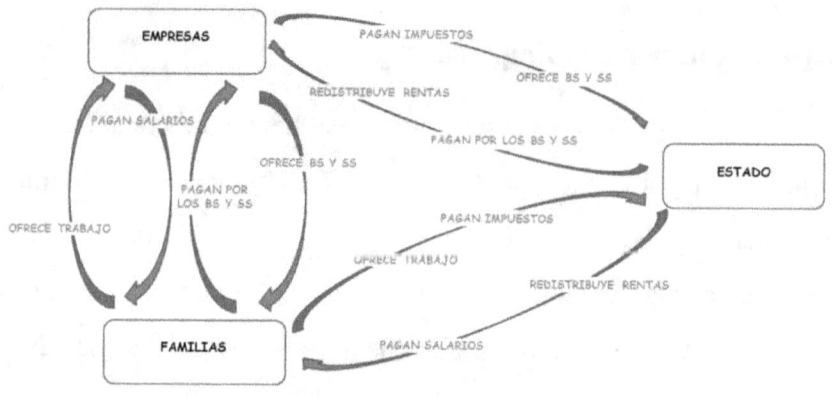

Las **Familias** son las que proporcionan mano de obra tanto a las **Empresas** como al **Sector Público** y esperan recibir a cambio una remuneración. Gracias a ésta podrán adquirir de las **Empresas** los productos o servicios que ofrezcan y, a su vez, deberán pagar los impuestos que correspondan al Estado. Las **Empresas** venden sus productos y servicios tanto a las **Familias** como al **Estado** y a cambio reciben el precio estipulado. Con ello podrán pagar sus impuestos y pagar los salarios a sus empleados. El **Estado** demanda bienes y servicios a las **Empresas** y da trabajo a las **Familias**. A cambio paga los precios y remuneraciones estipulados y puede redistribuir rentas tanto a las **Familias** como a las **Empresas.**

Como nuestro objetivo es la **ECONOMÍA DE LA EMPRESA** hemos de buscar alguna definición que nos diga de qué estamos hablando. Por empresa hemos de entender un conjunto de elementos organizados de tal manera que logran aumentar su utilidad para conseguir un objetivo.

La idea de empresa ya existía en la Edad Media, desde el s. XII, siendo sus protagonistas los artesanos. Estos estaban organizados en gremios y solían intercambiar sus artículos en las ferias.

Sería en los últimos años del s. XVIII cuando con la revolución industrial inglesa la idea de empresa va evolucionando y llega a ser la que conocemos hoy en día.

Para poder desarrollar su trabajo la empresa cuenta con los llamados **FACTORES PRODUCTIVOS.** Estos son los medios con los que cuenta una empresa para poder desarrollar su actividad. Tradicionalmente se suelen mencionar tres:

La **Tierra**, que comprende tanto los recursos naturales como todo tipo de materias primas entendiendo que todo, en su origen, procede de ésta.

El **Trabajo**, tanto físico como intelectual.

El **Capital**, tanto sea físico como la maquinaria, las instalaciones o los vehículos o financiero, como el dinero.

Para poner en marcha toda la maquinaria que supone la empresa necesitamos de alguien que se haga responsable de ello. Esta persona es el **EMPRESARIO.**

En él recae la responsabilidad de ordenar y dirigir el conjunto de recursos, tanto materiales como humanos, que conforman la empresa hacia el objetivo que se haya impuesto asumiendo los riesgos que puedan derivarse de sus decisiones.

Por tanto, el empresario es quien organiza, gestiona y asume el riesgo que implica la puesta en marcha de un proyecto y combina y administra los recursos humanos, físicos, productivos, tecnológicos y financieros de la organización con el fin de generar beneficios.

Es habitual confundir las figuras del empresario y del capitalista. A menudo coinciden en una misma persona pero conviene delimitarlos adecuadamente: **Capitalista** es la persona que aporta los recursos, el capital, a la empresa mientras que el **Empresario** es el responsable de su buen funcionamiento. En ocasiones pueden ser la misma persona, pero no tiene por qué ser siempre así.

Aquí nos centraremos, sobretodo, en la figura del **Empresario**: la persona que ha de hacerse cargo de la gestión y dirección de la empresa. Más de una vez usted habrá reflexionado sobre qué competencias debería reunir para hacerse cargo de su proyecto con éxito. Podemos recordar las siguientes: capacidad para asumir riesgos; facilidad para tomar decisiones; capacidad para asumir responsabilidades; capacidad creativa e innovadora; capacidad de organización y dirección; capacidad para adaptarse a situaciones nuevas; capacidad de observación y previsión; habilidades sociales; confianza en sí mismo; perseverancia; conocimiento profesional de la actividad que va a desarrollar y del sector en el que participa; conocimientos sobre organización y gestión empresarial.

1.2. Tipos de Sociedades e Impuestos

En términos legales no se suele hablar de empresas sino de sociedades y a partir de ahora deberíamos recordar los tipos de sociedad más importantes en España. En el proceso de creación de su empresa pudo ver que las más habituales son la Sociedad Anónima, la Sociedad Limitada, el Empresario Individual, la Cooperativa, la Sociedad Colectiva y la Sociedad Comanditaria. En estos momentos queremos recordarle cuál es el Capital social mínimo para constituirlas, el número mínimo de socios con que se pueden crear, el tipo de Responsabilidad que tendrán sus socios y el Tipo de Impuesto que deberán liquidar a Hacienda.

Los **TIPOS DE RESPONSABILIDAD** son dos. La **Responsabilidad Limitada** permite que los socios que participan en la empresa, esto es, sus propietarios, se hagan cargo de las deudas de la empresa solo hasta la cantidad de capital que aportaron a la empresa. La **Responsabilidad Ilimitada** obliga a los socios de la empresa a hacerse cargo de las deudas de la empresa con todo su patrimonio actual y futuro. Es evidente que para cualquier persona que quiera participar en una empresa preferirá hacerlo en una cuya responsabilidad sea Limitada y no Ilimitada.

Veamos a continuación las sociedades más destacadas:

	Mínimo Capital Social	Mínimo nº Socios	Responsabilidad	Tipo de Impuesto
Sociedad Anónima	60.101,21 euros	1	Limitada	Impuesto Sociedades
Sociedad Limitada	3.005,06 euros	1	Limitada	Impuesto Sociedades
Empresario Individual	No mínimo	1	Ilimitada	IRPF
Sociedad Cooperativa	Según estatutos	3	Limitada	Impuesto Sociedades
Sociedad Colectiva	No existe mínimo legal	2	Ilimitada	Impuesto Sociedades
Sociedad Comanditaria por acciones	60.101,21 euros	2 (un socio colectivo y un socio comanditario)	Socios colectivos: Ilimitada Socios comanditarios: Limitada	Impuesto Sociedades

Según vemos existen sociedades en las que todos los socios, o parte de ellos, responden personal, ilimitada y solidariamente de las deudas sociales. La persona es lo más importante y no tanto la aportación de capital que haya realizado. Estas son las sociedades llamadas **PERSONALISTAS.** Por otro lado, aquellas en las que los socios responden de las deudas sociales únicamente hasta el límite de las aportaciones realizadas reciben el nombre de sociedades **CAPITALISTAS.** En ellas el patrimonio personal de los socios permanece intacto independientemente de los resultados de la sociedad.

En cuanto a los impuestos a liquidar por una sociedad podemos encontrar el **Impuesto de la Renta de las Personas Físicas** (IRPF) y el **Impuesto de Sociedades.** Tal y como están diseñados lo más conveniente para cualquier empresa en cuanto comienza a obtener beneficios por su actividad es optar por el Impuesto de Sociedades. Veámoslo más a fondo.

El **IMPUESTO DE LA RENTA DE LAS PERSONAS FISICAS** es un impuesto de carácter directo y personal que grava la totalidad de las **rentas obtenidas** por el contribuyente. El periodo a declarar va del 1 de enero hasta el 31 de diciembre y la base imponible que grava se compone de: los rendimientos del trabajo por cuenta ajena, los rendimientos del capital mobiliario e inmobiliario, los rendimientos de las actividades económicas del contribuyente y las imputaciones de renta que se establezcan por Ley en cada ejercicio fiscal. El IRPF es un impuesto progresivo por lo que el tipo impositivo a aplicar varía en función de la renta obtenida. Por ello la ley establece varios tramos con tipos impositivos crecientes a medida que se incrementa la base liquidable.

El **IMPUESTO DE SOCIEDADES** también es un impuesto directo y personal que grava la totalidad de las rentas obtenidas, en este caso, por las Sociedades, como personas jurídicas que son. Además, el periodo impositivo en principio suele coincidir con el año natural, esto es, del 1 de enero al 31 de diciembre. En estos momentos, el tipo impositivo de carácter general, para empresa con cifra de negocios inferior a 10 millones de euros, es del 25 % para los primeros 300.000 euros y del 30 % para el resto. El tipo reducido para empresas con una cifra de negocios inferior a 5 millones de euros es del 20 % para los primeros 300.000 euros y del 25 € para el resto. El problema es que hemos de estar al día pues de un año para otro los tipos pueden cambiar según marque el Gobierno. Para su cálculo se parte de los datos que proporciona la contabilidad de la empresa.

Una de las decisiones más importantes que seguro usted tomó al crear su negocio fue la de su **LOCALIZACION.** No en vano, de ello dependerá la viabilidad de la misma. Recordaremos que dicha decisión gira alrededor de factores que pueden favorecer o perjudicar la actividad económica de ésta como pueden ser el coste del suelo, las comunicaciones, la cercanía a la materia prima, el acceso a mano de obra, la legislación de la zona, la cercanía a la demanda… Todo depende del tipo de actividad a que se dedique. Una empresa comercial, que venda al consumidor final, necesitara encontrarse cerca de éste o, al menos, en un lugar bien comunicado, que no le represente a sus clientes un problema el poder acceder a sus instalaciones. Una empresa transformadora deberá situarse cerca de las materias primas o en un lugar adonde lleguen sin problemas las materias primas y desde donde sea fácil distribuir el producto acabado.

1.3. Áreas o Departamentos de una Empresa

Lo habitual es identificar, al menos, los siguientes Departamentos en la empresa: el **Departamento de Producción**, en el que se desarrolla todo el proceso productivo de la empresa y en el que encontramos el área de almacén, tanto de materias primas, como de productos en proceso como de productos acabados, el departamento de compras, el de calidad...; el **Departamento de Marketing**, encargado de analizar el mercado, de diseñar el producto, de decidir sobre el precio, sobre las promociones o la publicidad y sobre la distribución...; el **Departamento Financiero**, encargado de llevar la contabilidad, de controlar el cobro de los clientes y el pago de los proveedores, de controlar las cuentas bancarias, de buscar la financiación necesaria, de las inversiones...; el **Departamento de Recursos Humanos**, encargado de la selección de personal, de los trámites necesarios para su contratación, de su formación, de la documentación laboral...; el **Departamento Administrativo**, que se encarga de gestionar toda la documentación de la empresa; el **Departamento de Dirección**, del cual dependen jerárquicamente todos los demás.

Por supuesto, en una pequeña empresa una misma persona puede llevar a cabo funciones que corresponden a varios departamentos, pero siempre está claro cuáles son las que desarrolla en cada ocasión.

Es posible que a veces se hable de un área de la empresa llamada **STAFF.** Se trata de un departamento que no depende de ningún otro en la empresa pues realiza funciones de asistencia y asesoramiento especializado en las áreas que son de su competencia. En el organigrama suele situarse justo después de Dirección.

Entre otras, las funciones propias del **Staff** son las siguientes:

- Elaborar información que puedan ser utilizada en la toma de decisiones.

- Realizar estudios económicos, financieros, tecnológicos…

- Realizar un continuo asesoramiento legal, fiscal, contable…

- Buscar la forma más eficiente de coordinar las actividades y las relaciones entre los distintos departamentos.

El **Staff** no tiene capacidad ejecutiva pues es un órgano exclusivamente de asesoramiento.

Para representar la estructura de la empresa contamos con los **ORGANIGRAMAS.** Es la representación gráfica de la organización empresarial de una forma sintética y simplificada dando a conocer las principales características y relaciones de dicha estructura. Con ellos se dan a conocer todos los departamentos que componen una sociedad y se localizan los diferentes niveles y posiciones de autoridad.

Podemos encontrar diferentes tipos de organigramas. El **ORGANIGRAMA FUNCIONAL** es el que más se utiliza y consiste en dividir el trabajo de la empresa en tareas según funciones específicas. Las funciones fundamentales de casi toda empresa son: Producción, Marketing, Finanzas y Recursos Humanos. El Director General es el que debe coordinar todas las actividades de los responsables de cada departamento. Cada uno tendrá a su equipo de colaboradores con los que distribuirá las tareas según lo que más convenga en cada caso particular.

Quizá nos interese más usar el **ORGANIGRAMA GEOGRÁFICO**. Este caso se usa cuando el criterio que prevalece en la empresa es la zona geográfica (países, regiones...) y se agrupan las actividades tomando como base los países o las áreas geográficas en las que trabaja. A continuación, lo más habitual es seguirlo con un organigrama funcional que parte de cada una de las zonas.

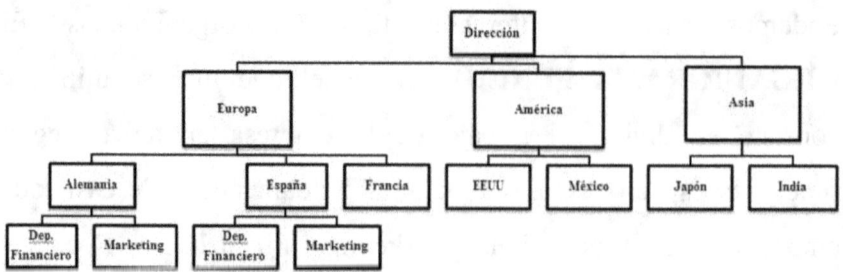

Aún existe otro modelo que es el **ORGANIGRAMA MATRICIAL**. En esta ocasión se trata de un modelo propio de las empresas industriales que consiste en combinar como mínimo dos variables organizativas, como pueden ser por funciones y proyectos (productos), que se enlazan por medio de unas relaciones de autoridad.

En este modelo existe una doble autoridad. Cada persona recibe instrucciones del responsable de proyecto (producto) (horizontalmente) y del responsable de su departamento funcional (verticalmente). Esta distribución suele tener una duración limitada a la realización del proyecto y varía según los proyectos que se presenten.

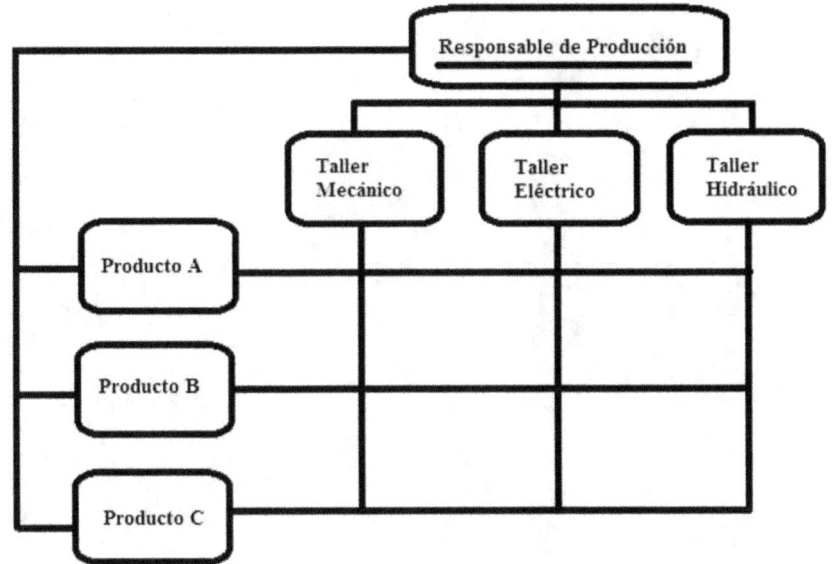

A menudo se dice que en las empresas existe una **ORGANIZACIÓN INFORMAL.** Se trata de una organización que emerge espontánea y naturalmente entre los trabajadores de la empresa. Surge de las relaciones de tipo social que se crean entre varias personas que se encuentran en contacto mutuo, constituyendo un grupo social cuyo origen es espontáneo, por lo que no aparecen en el organigrama ni en ningún otro documento. Se dice que son relaciones de pasillo o de café, y que dan lugar a intercambio de información y de ideas de forma distendida y que después pasa a incorporarse en la forma de trabajar de los empleados.

UNIDAD 2. DEPARTAMENTO DE PRODUCCION

En la Asesoría han asignado a Andrea y a Sergio al equipo que ha de elaborar un estudio sobre el Departamento de Producción de uno de sus clientes. Se trata de analizar con detalle cuáles son todos los costes en los que incurren al producir y en estudiar, de uno de sus productos, algo que llaman el Punto Muerto.

Además el cliente no sabe qué ha de hacer con relación a uno de los componentes de su producto más importante, pues desconoce si debería fabricarlo en la propia empresa o comprárselo a una compañía especializada.

También quiere analizar los costes de su almacén, conocer cuál es el pedido óptimo que debe hacer a sus proveedores y calcular qué coste anual tendrá.

Por si fuera poco, les han encargado a la Asesoría el estudio de la productividad de sus factores para saber si en los últimos años ésta ha aumentado o ha disminuido.

Por ello, Andrea y Sergio han reunido información sobre dichos temas y se disponen a repasarla.

2.1. Utilidades del producto y Costes de la empresa

Antes de comenzar a estudiar a fondo todo lo que sucede en dicha departamento de la empresa hemos de describir el término **UTILIDAD DEL PRODUCTO.** Tenga en cuenta el lector que, como suele ser habitual en economía, en el presente Manual usaremos a menudo el término "producto" pero que una empresa de "servicios" puede aplicar los mismos razonamientos expuestos sin ningún problema. Aclarado este detalle, hemos de decir que por Utilidad hacemos referencia a la capacidad que presentan los bienes ofertados por la empresa para satisfacer las necesidades de las personas. Habitualmente hablamos de cinco utilidades que son agregadas durante el proceso productivo.

La utilidad de **Forma** la encontramos cuando se realiza el proceso de transformación de las materias primas dando lugar a un producto útil para alguien. La combinación de diferentes láminas de madera, con cola, tornillos, algún elemento metálico o plástico, dará lugar a un armario. Está directamente relacionado con el Departamento de Producción.

La utilidad de **Lugar** aparece cuando gracias a ella un bien estará disponible allí donde estén los posibles consumidores.

La utilidad de **Tiempo** es la que permitirá que un producto esté disponible justo cuando los consumidores lo necesiten. Pensemos en los turrones o en cualquier otro dulce navideño. La empresa se encarga de ofrecer dichos artículos justo cuando la mayor parte de la población desea consumirlos, en las fechas navideñas.

La utilidad de **Propiedad**, según nuestro sistema económico, tendrá lugar cuando se transfiera la propiedad del producto al realizarse la compra.

Por último, la utilidad de **Información** aparece cuando se informa al consumidor sobre las características del producto, sobre su composición, sobre sus ventajas, sobre su manejo… Recordemos la publicidad sobre ciertos tipos de alimentos en la que se nos informa de sus beneficios para la salud.

A continuación hemos de conocer cómo se clasifican los **COSTES DE LA EMPRESA.**

Éstas los clasifican o en **Costes Fijos** y **Variables** o en **Costes Directos** e **Indirectos**.

Por **Costes Fijos** entendemos aquellos que se producen tan solo por estar la empresa en funcionamiento y que permanecen más o menos constantes durante todo el ejercicio económico. Un ejemplo típico es el alquiler del local, pues es independiente de las unidades producidas por la empresa. Trabaje o no, sea su mes de vacaciones o no, deberá pagar el alquiler al propietario del inmueble. Otro ejemplo serían los sueldos de los trabajadores fijos de la empresa. Aunque estén en sus días de descanso se les deberá pagar su sueldo.

Por otro lado, los **Costes Variables** cambian en función del nivel de actividad, a más actividad más costes. Su importe dependerá del número de unidades producidas. Si no se realiza ninguna actividad, por ejemplo en vacaciones, su coste será cero, si obtiene 100 unidades sus costes variables serán los correspondientes a 100 unidades. Un ejemplo típico es la materia prima y otro el sueldo de los empleados eventuales que contrata la empresa solo cuando hay un pedido que preparar.

La otra manera de calcular los costes incluye los **Costes Directos**. Estos siempre se identifican claramente en el producto que los ha motivado. El ejemplo más claro es el relacionado con la materia prima, los envases, los embalajes, la mano de obra del taller o el combustible. Son elementos que "vemos" claramente en el bien.

Pero cuando hablamos de los **Costes Indirectos** nos referimos a los gastos que no se pueden atribuir a ningún artículo en particular. Un ejemplo podría ser el alquiler de las oficinas, el material de oficina, los comerciales o el personal del departamento contable.

Una vez claros los anteriores conceptos hemos de hacer una breve mención al **COSTE MARGINAL**. Este no es otro que la variación que experimenta el coste total como consecuencia de producir una unidad más de producto. Pensemos que el Coste total de producir 100 unidades de producto es de 70 euros y el Coste total de producir 101 unidades de producto es de 77 euros. Entonces diremos que el Coste Marginal es de 7 euros.

2.2. Punto Muerto o Umbral de Rentabilidad

Ahora vamos a comenzar a hacer nuestros primeros cálculos con tal de poder tomar decisiones en la empresa. Comenzaremos por calcular el **PUNTO MUERTO O UMBRAL DE RENTABILIDAD.** Toda empresa debería conocer cuántas unidades de producto ha de fabricar y vender para poder cubrir sus costes totales. Se entiende que si produjera y vendiera menos sufriría pérdidas y que si produjera y vendiera más unidades obtendría beneficios.

Para ello la empresa comienza definiendo su función de Beneficios:

Beneficios = Ingresos Totales – Costes Totales

Siendo los **Ingresos Totales = Precio de venta * unidades**

y los **Costes Totales = Costes Fijos + Costes Variables**

y los **Costes Variables = Coste Variable unitario * unidades**

Entonces tendremos:

Beneficios = Precio de venta * unidades – (Costes Fijos + Costes Variables)

Beneficios = Precio de venta * unidades – (Costes Fijos + Coste Variable unitario * unidades)

El punto de partida es que la empresa conozca cuándo logrará cubrir todos sus costes, esto es, cuando no ganará ni perderá. Por ello, todo comienza igualando la función de beneficios a 0 y despejando las unidades que lo hacen posible. Así, la fórmula que obtendremos es:

$$\text{Punto Muerto} = \frac{\text{Costes Fijos}}{\text{Precio de venta} - \text{Costes Variables unitarios}}$$

El Punto Muerto es el número de unidades (q) que nos permiten recuperar los Costes Fijos gracias a la diferencia entre el Precio de venta y los Costes Variables unitarios en los que hemos incurrido. Con dichas unidades no tendremos Beneficios pero tampoco Pérdidas y sabemos que a partir de ellas tendremos Ganancias.

Su representación gráfica es:

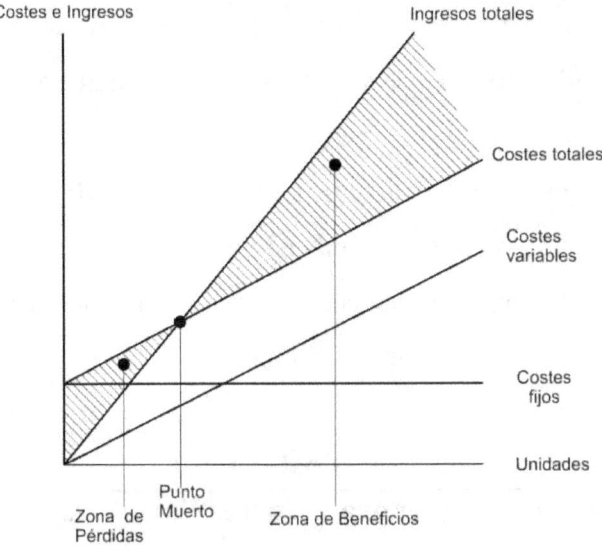

A partir de las fórmulas que hemos mencionado podemos resolver una duda con la que puede encontrarse nuestra empresa. Esta es saber si a nuestra empresa le interesa más fabricar un componente para su producto o más bien le interesa comprárselo a otra empresa. Pensemos en una empresa que hace calculadoras y se plantea si debe fabricar ella misma las tapas con las que se presentan habitualmente al mercado o debería comprárselas a otra empresa. Para poder decidir la empresa deberá conocer para qué número de unidades (de calculadoras) le sería indiferente fabricarlas ella o comprarlas. Según la empresa acabe fabricando más o menos unidades le interesará fabricarlas o comprarlas.

Las fórmulas son:

Coste de fabricar = Costes Fijos + Costes Variables unitarios * unidades

Costes de comprar = Precio de compra * unidades

Igualando ambas fórmulas entendemos que es indiferente una opción o la otra. Despejando a continuación las unidades tendríamos la fórmula que deberemos usar:

$$q^* = \frac{\text{Costes Fijos}}{\text{Precio de compra} - \text{Costes Variables unitarios}}$$

Y su representación gráfica sería:

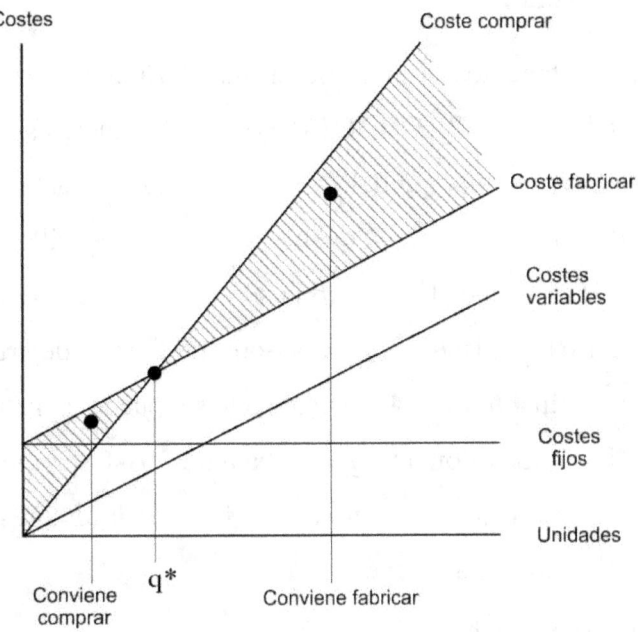

2.3. Productividad

Ahora que ya tenemos la empresa en marcha nunca está de más conocer cuál es la **PRODUCTIVIDAD** de nuestros factores productivos, concretamente del factor trabajo y del factor capital, esto es, de las máquinas. Por medio de un sencillo cálculo sabremos cuántas unidades de producto es capaz de fabricar cada uno de nuestros empleados en un periodo de tiempo determinado, generalmente una hora. La misma idea se puede aplicar a las máquinas o equipos con los que trabajamos. Así sabremos cuál es la relación entre la producción obtenida por la empresa y los recursos utilizados para obtenerla.

Las fórmulas a emplear son:

$$\text{Productividad del trabajo} = \frac{\text{Producción}}{\text{Horas de trabajo} * \text{N}^{\text{o}} \text{ empleados}}$$

$$\text{Productividad del capital} = \frac{\text{Producción}}{\text{Horas en funcionamiento} * \text{N}^{\text{o}} \text{ de máquinas}}$$

En ocasiones nos interesa conocer en cuánto ha aumentado o disminuido la productividad de nuestros factores de un periodo a otro. El resultado se da en porcentajes y como siempre está claro si ahora la productividad es mayor o menor que antes haremos lo siguiente:

$$\textbf{Incremento o Disminución de la Productividad} = \frac{\text{Diferencia entre las 2 Prod.}}{\text{Dato de la prod.más antigua}} * 100$$

Como lo hemos multiplicado por 100 al resultado le añadiremos "%".

Por último, puede que necesitemos conocer cuál es la **Productividad Global o Total** de la empresa. Con esto se pretende conocer la relación entre el valor de toda la producción de la empresa y todos los recursos empleados para conseguirla. Por tanto, la fórmula empleada será:

$$\textbf{Productividad Global o Total} = \frac{\textbf{Valor de la producción}}{\textbf{Coste de los factores usados}}$$

2.4. Gestión de Pedidos a los Proveedores: Modelo Wilson

Seguimos en el Departamento de Producción y una vez nos hemos familiarizado con ciertos conceptos hemos de pensar que nuestra empresa tendrá que aprovisionarse de Materias Primas para poder trabajar. Este tema, como la mayor parte de los que tienen lugar en la empresa, está lejos de improvisarse. En cualquier organización empresarial nunca podremos pensar en que ya iremos decidiendo sobre la marcha cuánto comprar y a quién. Tan importante como cualquier otro asunto es fundamental conocer cuál es el **VOLUMEN ÓPTIMO DE PEDIDO.** A partir de ahora nuestro objetivo será calcular la cantidad de pedido que logre minimizar la gestión de realizarlos, que nos asegure disponer de la Materia Prima justo en el momento en que la necesitemos, que nos minimice los costes de transporte y, por qué no, que se reduzca el Coste Total de la gestión de inventario. Para ello utilizaremos el **MODELO WILSON.** Este modelo será aplicable siempre que se realicen pedidos del mismo tamaño; siempre que conozcamos la Demanda anual del producto y que se mantenga constante; y siempre que el plazo de entrega por parte del proveedor sea constante.

Este modelo nos permitirá conocer: el número de unidades que hemos de pedir en cada ocasión a nuestro proveedor (Q); cuántas veces al año le realizaremos un pedido (N) y cada cuántos días lo haremos (T).

$$Q = \sqrt{\frac{2 * \text{Demanda anual} * \text{Coste de Preparación del pedido}}{\text{Coste de almacenamiento} + \text{Tipo de interés} * \text{Precio unitario del producto}}}$$

$$N = \frac{\text{Demanda}}{Q}$$

$$T = \frac{\text{Días de trabajo anuales}}{N}$$

A menudo necesitamos conocer el coste de realizar un pedido. En tal caso simplemente deberíamos realizar el cálculo siguiente:

Coste de Aprovisionamiento = Precio unitario del producto * Demanda anual

Si nuestra empresa logra trabajar con el **Volumen Optimo de Pedidos** conseguirá el **VOLUMEN ÓPTIMO DE INVENTARIO.** Este se consigue cuando la suma del Coste de los Pedidos y el de Mantenimiento del Inventario es la más baja posible. El **COSTE TOTAL DEL INVENTARIO** es la suma del:

Coste de reaprovisionamiento o renovación de los stocks (CP). Esto es el coste de realización de un pedido: el generado por su tramitación, por su transporte, por la descarga, por el control de llegada…

+ Coste de almacenamiento (CAL). Hemos de tener en cuenta que la posesión de stocks da lugar a una serie de gastos: el alquiler de los almacenes, el personal del almacén, los seguros que debamos contratar... Estos costes suelen ser variables y, por tanto, crecen cuando crece la cantidad de producto almacenado.

Así pues, el Coste total de inventario = CAL + CP

Además, el almacén también genera un **COSTE FINANCIERO.** Este hace referencia al dinero que hemos empleado para conseguir las Materias Primas o las Existencias con las que trabajamos pues, si no hay movimiento comercial y hemos comprado de más, las tenemos en el almacén inmovilizadas. Es como si tuviéramos dinero paralizado en las estanterías pues las existencias si no pueden ser vendidas no proporcionan ninguna rentabilidad a la empresa. Ello se agrava si para adquirir aquellas Materias Primas habíamos pedido un préstamo que hemos de devolver junto a sus intereses y que no nos está reportando ningún ingreso.

Por otro lado, también hemos de tener en cuenta el **COSTE DE "RUPTURA" DE STOCKS** que tiene lugar cuando ya no disponemos en el almacén de suficientes existencias para atender el pedido de un cliente o para mantener el ritmo de producción. En tal caso, al ser incapaces de cumplir con nuestro cliente podríamos tener serios problemas por la falta de confianza y mala imagen que se podría generar con él.

UNIDAD 3. DEPARTAMENTO FINANCIERO

Mientras tanto, Pablo e Irene han pedido trabajar en el Área Financiera de la Asesoría con lo que colaborarán realizando los Asientos y las Cuentas Anuales de los clientes. Es un trabajo que les motiva especialmente pues les permite, después de realizar los cálculos oportunos, saber cuál es su situación financiera.

Además, uno de sus mejores clientes quiere desarrollar un importante proyecto y duda entre varias opciones.

Por ello ha contratado un servicio adicional de la Asesoría para que le haga el estudio oportuno y poder escoger el mejor proyecto.

También les han dicho en la Asesoría que, de vez en cuando, algún cliente quiere asesoramiento para saber cuánto dinero conseguirá en el futuro siendo el tipo de interés del banco lo único que conoce, y que muchos otros clientes tienen dudas a la hora de buscar financiación.

Y, por supuesto, el tema de las Acciones. ¡Cuántos clientes preguntan por los Derechos de Suscripción y quieren que le expliquen qué son!

Por todo ello, Pablo e Irene han reunido información sobre dichos temas y se disponen a repasarla.

3.1. Introducción a la Contabilidad

Es el momento de conocer qué sucede en el Departamento Financiero y para ello comenzaremos viendo en qué consiste una de las tareas más importantes de la empresa: la **CONTABILIDAD**. Esta es el método por el cual queda registrada toda la información financiera de una organización y se desarrolla siguiendo unas normas comunes para todas las empresas. Sus destinatarios son tanto los propietarios como los posibles inversores, las entidades bancarias, los proveedores, los trabajadores, el Estado…

Hemos de tener en cuenta que toda contabilidad ha de regirse por la normativa vigente en cada momento. Esto es, ha de cumplir con lo establecido por el **PLAN GENERAL DE CONTABILIDAD**. La intención última de dicha normativa es ofrecer gracias a la información contable la Imagen fiel de la empresa.

Entre otra cosas, el **Plan General de Contabilidad** indica cuales son los Principios Contables que se ha de seguir:

¬ Principio de empresa en funcionamiento que considera que la gestión de la empresa tiene duración ilimitada.

¬ Principio del devengo por el que la imputación de ingresos y gastos ha de hacerse en función del movimiento real de bienes y servicios que tenga lugar, con independencia de la fecha de su pago o cobro.

¬ Principio de uniformidad que marca que una vez adoptado un criterio de valoración ha de mantenerse en el tiempo.

¬ Principio de prudencia que indica que solo se contabilizaron los beneficios realizados a la fecha de cierre del ejercicio.

¬ Principio de no compensación por el que no podrán compensarse partidas del activo y del pasivo del Balance, ni partidas de ingresos y de gastos de la Cuenta de Pérdidas y Ganancias.

¬ Principio de importancia relativa que permite la no aplicación estricta de algunos de los principios contables siempre y cuando las consecuencias sean escasamente significativas y no altere la imagen fiel de la empresa.

Para entender qué es la Contabilidad hemos de tener en cuenta que las empresas tienen bienes, derechos y obligaciones. Los **BIENES DE LA EMPRESA** son todos aquellos elementos materiales o inmateriales (tangibles e intangibles) con los que cuenta la organización para trabajar: los edificios, los terrenos, el mobiliario, los ordenadores, los vehículos, los programas informáticos, las mercaderías, las materias primas, el dinero...

Los **DERECHOS DE LA EMPRESA** son los créditos a favor de la empresa. Por ejemplo, son los derechos de cobro sobre los clientes, los préstamos que la empresa concedió a otras, el importe, a su favor, que Hacienda ha de pagarle según salió en su última liquidación...

Por otro lado, las **OBLIGACIONES Y DEUDAS DE LA EMPRESA** son las deudas que la empresa tiene pendientes de pago por las compras realizadas a sus proveedores y no pagadas aun, o por los préstamos recibidos del banco, por la liquidación de impuestos a favor de Hacienda, o por el capital que aportaron los accionistas. Hemos de tener en cuenta que si se disolviera la sociedad ésta debería devolverles el capital que aportaron, por lo que la empresa mantiene una obligación con ellos. Por ello, se dice que las obligaciones pueden ser con terceros o con los propietarios de la empresa.

Así es como llegamos al concepto de **PATRIMONIO** que podemos definirlo como el conjunto de Bienes, Derechos y Obligaciones que tiene una empresa.
Se dice que la fórmula del Patrimonio Neto o Neto Patrimonial de la empresa es:
Patrimonio Neto = Bienes + Derechos – Obligaciones

Ya algo más familiarizados con dichos conceptos hemos de tener en cuenta que la Contabilidad pretende registrar todos los **HECHOS CONTABLES** que tienen lugar en la empresa. Hecho

Contable es toda aquella operación realizada por una sociedad y que afecta a la composición de su Patrimonio. Los Hechos Contables pueden ser Simples, al afectar tan solo a dos elementos patrimoniales, o bien Compuestos, si intervienen más de dos. En ello se basa la **Partida Doble** de la Contabilidad pues siempre intervendrán, al menos, dos elementos contables.

Anteriormente habíamos hablado de Bienes, Derechos y Obligaciones. Precisamente las **CUENTAS DE ACTIVO** son las que representan los elementos patrimoniales referidos a los Bienes y a los Derechos de la empresa. Por otro lado, las **CUENTAS DE PASIVO** y de **PATRIMONIO NETO** son las que representan los elementos patrimoniales referidos a las Obligaciones de la empresa.

3.2. Asientos Contables

Todos los Hechos Contables son registrados por medio de los **ASIENTOS CONTABLES**. Estos cuentan con dos partes, el Debe y el Haber, y con al menos dos cuentas, una por cada lado. Aquí podemos ver un ejemplo de un Asiento Contable:

Debe		Haber	
100	**Bancos**	a	**Clientes**	100

En este caso estaríamos contabilizando que uno de nuestros clientes nos ha pagado 100 € que nos debía ingresándolos en nuestro banco.

Para realizar un Asiento seguiremos los siguientes pasos. Primero definiremos las cuentas que están relacionadas con el Hecho Contable que se nos presente; después veremos si dichas cuentas son de Activo, de Pasivo o del Patrimonio Neto; y veremos si aumentan o disminuyen. A continuación realizaremos el Asiento anotando las Cuentas en el Debe o en el Haber según el razonamiento siguiente:

Debe	Haber
Cuentas Activo cuando Aumentan	Cuentas Activo cuando Disminuyen
Cuentas Pasivo cuando Disminuyen	Cuentas Pasivo cuando Aumentan
Cuentas Patrimonio Neto cuando Disminuyen	Cuentas Patrimonio Neto cuando Aumentan
Cuentas de Gastos	Cuentas de Ingresos

Durante el ejercicio económico de las empresas, que normalmente va del 1 de enero al 31 de diciembre, éstas realizan multitud de asientos siendo todos recogidos en el llamado **LIBRO DIARIO**.

En paralelo a su elaboración la empresa realiza el **LIBRO MAYOR** (libro de las T's).

BANCOS		CAPITAL		PROVEEDORES	
Debe	Haber	Debe	Haber	Debe	Haber
3.300	200		90.000		1.000
3.100			Saldo Acreedor		Saldo Acreedor
Saldo Deudor					

Este será el que nos permita conocer, cuenta a cuenta, cual ha sido su movimiento a lo largo de dicho ejercicio económico. Al final del año cada cuenta tendrá un **SALDO** que no es más que la diferencia entre el total anotado a su izquierda, el Debe y el total anotado a su derecha, el Haber. Se dice que el Saldo es deudor si la suma del Debe es mayor que la del Haber. El Saldo será acreedor si la suma del Haber es mayor que la del Debe. Y el Saldo será Cero cuando la suma del Debe es igual a la suma del Haber.

3.3. Balance de Situación y Cuenta de Pérdidas y Ganancias

Con dicha información la empresa obtiene uno de los documentos más importantes que le permite conocer el estado real de su actividad: el **BALANCE DE SITUACION.** En él encontramos los grandes apartados mencionados anteriormente, el Activo, el Pasivo y el Patrimonio Neto y que se encuentran divididos en grupos homogéneos, las **MASAS PATRIMONIALES.** Se trata del **Activo No Corriente** (Bienes y Derechos a Largo Plazo); **del Activo Corriente** (Bienes y Derechos a Corto Plazo) que cuenta a su vez con el grupo de las **Existencias,** del **Realizable** y del **Disponible;** del **Patrimonio Neto** (Obligaciones con los Propietarios); del **Pasivo No Corriente** (Obligaciones con Terceros a Largo Plazo); y del **Pasivo Corriente** (Obligaciones con Terceros a Corto Plazo). Estas Masas Patrimoniales se componen de **ELEMENTOS PATRIMONIALES,** esto es, de cada una de las cuentas, caso de los Vehículos, los Clientes, los Proveedores o del Capital, por ejemplo.

BALANCE

ACTIVO		PATRIMONIO NETO / PASIVO	
Activo No Corriente	1.000	**PATRIMONI NETO**	**600**
Maquinaria	200	Capital	500
Construcciones	800	Resultado	100
Activo Corriente	800	**Pasivo No Corriente**	**500**
Existencias	100	Préstamos Bancarios a LP	500
Materias Primas	100		
		Pasivo Corriente	**700**
Realizable	500	Proveedores	100
Clientes	500	Préstamos Bancarios a CP	600
Disponible	200		
Bancos	200		
TOTAL ACTIVO	**1.800**	**TOTAL PN / PASIVO**	**1.800**

En el día a día de la empresa es muy importante tener controlados los siguientes dos conceptos que nos dará información sobre el resultado final de nuestra actividad.

Todo comienza por conocer cuáles son los **INGRESOS** que obtiene por medio de la venta de bienes y/o en la prestación de servicios objeto de su actividad económica.

En paralelo, toda empresa ha de conocer, con el máximo detalle posible, cuáles son los **GASTOS** en los que incurre para realizar dicha actividad. Este es un concepto relacionado con la compra de otros bienes y servicios para su posterior consumo en el proceso productivo. Incluye también la contratación de mano de obra, el suministro eléctrico, el pago del alquiler del local, los gastos financieros... La relación entre los Ingresos y los Gastos de la empresa queda reflejada en el Patrimonio Neto del Balance, concretamente en la cuenta **Resultados**, también llamada cuenta de **Pérdidas y Ganancias**.

Relacionado con todo ello, el Departamento Financiero también tiene en cuenta que los Activos No Corrientes con los que trabaja van perdiendo valor y que ello debe ser convenientemente contabilizado. Con el concepto de **DEPRECIACIÓN** hacemos referencia a la disminución del valor de un bien, lo que puede suceder por tres motivos: por el desgaste que le genera el uso continuado; por la obsolescencia, esto es, porque aparecen equipos nuevos que incorporan mejoras tecnológicas o algún avance técnico; o, simplemente, por el paso del tiempo. Será por medio de la **AMORTIZACIÓN** con la que registraremos contablemente la pérdida de valor de dichos Activos. Hay diferentes métodos para determinar en qué cantidad contabilizaremos dicha pérdida de Valor, esto es, cuál será su **Cuota de Amortización**. Uno de ellos es el **Método de Amortización Lineal**. Para calcularlo tendremos en cuenta el valor del Activo; su Vida Útil, esto es, el número de años que esperamos podamos trabajar con el bien en la empresa; y, si al final podremos obtener unos ingresos adicionales por el Activo gracias a su venta, su **Valor Residual**.

El cálculo es el siguiente:

$$\text{Cuota de Amortización} = \frac{\text{Valor de Activo} - \text{Valor Residual}}{\text{Vida útil}}$$

Entre la **AMORTIZACION** y el **BENEFICIO** hay una relación pues la primera supone ir reduciendo contablemente el valor de los Activos y la contrapartida es siempre la Cuenta de Pérdidas y Ganancias de la empresa, concretamente el Beneficio, pues se irá reduciendo en la misma cantidad. Se trata de que año a año, según la vida útil del bien, la Cuenta de Pérdidas y Ganancias recoja la pérdida de valor del Activo.

La cuenta de **Amortización** aparece en el Balance en el Activo No Corriente en negativo indicando el menor valor de los bienes.

En la empresa existe un documento que se centra en exclusiva en mostrar todos estos Ingresos y Gastos. Es la **CUENTA DE PÉRDIDAS Y GANANCIAS** que permite conocer el resultado del ejercicio y se obtiene por diferencia entre unas y otras. En el caso de que el resultado (la diferencia) sea positivo decimos que hemos obtenido **Beneficios** y se dice que su saldo es Acreedor. Cuando el resultado es negativo decimos que hemos tenido **Pérdidas** y que el saldo ha sido Deudor.

Los Beneficios indican que la empresa ha compensado sus Gastos y ha podido generar un excedente que pertenece a los accionistas. Las Pérdidas representan que la empresa no ha podido recuperar sus Gastos por medio de los Ingresos que obtuvo.

CUENTA DE PERDIDAS Y GANANCIAS	
Ingresos de explotación	
Ventas	1.200
Gastos de explotación	
Compras	500
Sueldos y salarios	250
Alquiler	145
Suministro eléctrico	80
Amortización	75
BENEFICIO ANTES de INTERESES e IMPUESTOS	150
Ingresos financieros	10
Gastos financieros	17,14
BENEFICIO ANTES de IMPUESTOS	142,86
Impuesto de Sociedades	42,86
RESULTADO DEL EJERCICIO	100

3.4. El Ciclo Contable

Es importante que conozcamos en qué consiste el **Ciclo contable de la empresa**. Se trata de:

- El Balance de situación inicial (será aquel con el que acabó el pasado año)
- El asiento de Apertura
- El registro de todas las operaciones del ejercicio en el que nos encontremos
- Al acabar el ejercicio contable, los asientos de Periodificación necesarios
- Los ajustes previos a la determinación del resultado del ejercicio
- La realización del Balance de comprobación de sumas y saldos
- El cálculo del resultado del ejercicio
- El cierre de la contabilidad
- La elaboración de las Cuenta Anuales

  - El Balance de situación
  - La Cuenta de pérdidas y ganancias
  - El Estado de cambios en el patrimonio neto
  - El Estado de flujos de efectivo
  - La Memoria

- La distribución del resultado

Es evidente que para toda empresa es muy importante conocer los Recursos con los que cuenta para poder desarrollar su actividad. Entre ellos, los más importantes son los **RECURSOS PERMANENTES**. Se trata de los recursos a largo plazo con los que cuenta. Concretamente los forman el Patrimonio Neto y el Pasivo No Corriente.

3.5. Fuentes de financiación de la empresa

Los orígenes o fuentes de tales recursos pueden ser diferentes. Así tenemos las **FUENTES DE FINANCIACIÓN PROPIAS** que proceden de los recursos aportados por los propietarios de la empresa, que aparecen en el Balance en la cuenta de Capital, y los recursos que proceden de la actividad que realiza la sociedad y que aparece contabilizado en una cuenta llamada **Reservas**. Estas hacen referencia a aquella parte de los Beneficios que por ley no pueden repartirse entre los socios y que han de permanecer en la empresa. Es una financiación interna vía beneficios retenidos. Por ello, se dice que el origen del Capital es externo a la empresa y que el de las Reservas es interno. En el Balance lo encontraremos en el **Patrimonio Neto**.

Por otro lado, la empresa también cuenta con las **FUENTES DE FINANCIACIÓN AJENAS** que consigue gracias a inversores o intermediarios financieros. En ningún momento pertenecen a la empresa pues son deudas que mantiene con terceros y en algún momento tendrá que devolverlas. Estos recursos aparecen contabilizados en el Pasivo Corriente o No Corriente según sean a Corto o Largo Plazo respectivamente.

Entre dichas fuentes de financiación el empresario puede optar por:

El emprendedor podrá optar por:

El **Préstamo**. Seguramente la opción más conocida por todos. En este caso la entidad financiera entrega a su cliente una cantidad de dinero, obligando a este último al cabo de un plazo establecido en el contrato a devolver dicha cantidad más los intereses acordados.

Otra de las fuentes de financiación más utilizadas es la **Línea o póliza de Crédito.** Si la empresa suele necesitar recursos financieros pero no puede precisar cuánto exactamente y cuándo puede negociar con la entidad financiera que ponga a su disposición una cantidad de dinero por un plazo prefijado. La empresa dispondrá del dinero que necesite cuando le haga falta y pagará intereses por la cantidad dispuesta.

El **Rénting** también se considera una forma de financiación de la empresa en la que se firma un contrato de alquiler de bienes para su Activo No corriente. En este caso el arrendatario, la empresa de Renting, hace entrega del bien requerido y se compromete a prestar unos servicios adicionales como el mantenimiento, un seguro... Al final del contrato, las opciones para el arrendador son sustituir el bien por otro o renovar el contrato para un nuevo periodo.

Muy parecida es la figura del **Lising**. En este caso la empresa propietaria del bien, la sociedad de leasing, cede los derechos de uso a la empresa contratante durante el periodo de tiempo pactado a cambio de una cuota de arrendamiento. El contrato de leasing incluye obligatoriamente una opción de compra del bien que la empresa puede ejercer o no finalizado el periodo establecido de arrendamiento.

Por otro lado, la empresa siempre puede recurrir al **Crédito comercial.** Este consiste en negociar con los proveedores el aplazamiento del pago sin coste alguno.

Otro de los recursos de financiación con lo que cuenta la empresa es el **Descuento de efectos.** En este caso se trata de que nuestro banco nos adelante el importe de la letra de un cliente con un vencimiento posterior. El banco descontará los intereses en función de los días en que nos anticipa el dinero.

Otra fuente de financiación externa para la empresa es el **Factoring.** Esta consiste en la venta a una sociedad de factoring de los derechos de cobro sobre los clientes. La sociedad de factoring analizará la solvencia de los clientes y decidirá quién asumirá el riesgo de impago.

Por último hemos de considerar la opción del **Empréstito.** Este consiste en la emisión por parte de la empresa de bonos u obligaciones para que sean adquiridos por particulares que deben encontrar interesante la rentabilidad y aceptable el riesgo que corren. Estos abonaran el importe acordado a cambio de un interés y de la devolución del aquél en la fecha pactada.

Según lo expuesto anteriormente, nos encontramos con que las empresas cuentan con la llamada **AUTOFINANCIACION DE**

MANTENIMIENTO, al tener presente las anotaciones contables que contribuyen a mantener el "valor real" de sus Activos y que registra por medio de las Amortizaciones y, por otro lado, con la **AUTOFINANCIACION DE ENRIQUECIMIENTO,** que está formada por los Beneficios que no fueron repartidos y se quedaron en la empresa, esto es, las Reservas cuyo fin es aumentar la capacidad productiva de la sociedad.

3.6. Características de los Activos financieros y Capitalización compuesta

Por otro lado, hemos de conocer cuáles son las principales **CARACTERÍSTICAS DE LOS ACTIVOS FINANCIEROS**. Estas son tres:

- La **Liquidez**, que se mide por la facilidad de convertirse en un plazo corto de tiempo en dinero, sin que ello le suponga perder valor.

- El **Riesgo,** que depende de la probabilidad de que, al vencimiento, el emisor realice sin dificultades la devolución. El Riesgo depende de la solvencia que ofrezca el emisor.

- La **Rentabilidad**, que se refiere a la capacidad del Activo para producir un rendimiento a su propietario como pago por su cesión temporal, y por la posibilidad de que corra algún Riesgo. Este Rendimiento son los Intereses.

Por tanto, existe una relación directa entre **Rentabilidad** y **Riesgo** pues los activos con mayor Riesgo son los que ofrecen mayor Rentabilidad. Los activos que ofrecen mayor Riesgo son más rentables y lo más habitual es que sean menos líquidos que otros con menor Riesgo.

Los Intereses que nos genere una operación financiera los podemos calcular por medio de la **LEY FINANCIERA DE**

CAPITALIZACIÓN COMPUESTA usando el **Tipo de Interés Compuesto.** Se trata de conocer qué Capital (Cn) tendremos de aquí a "n" años partiendo hoy de un Capital conocido (Co) y el Tipo de Interés existente en ese momento en el mercado (i):

$$Cn = Co * (1 + i)^n$$

Para conocer cuánto hemos ganado en ese plazo de tiempo "n", los intereses conseguidos, calcularemos:

$$Intereses = Cn - Co$$

3.7. Análisis Financiero: Fondo de Maniobra y Ratios

Ahora que ya conocemos los instrumentos contables más importantes hemos de intentar llegar a conclusiones sobre cuál es la Situación Financiera de la empresa. Para ello disponemos de diferentes cálculos que nos indicaran si nos encontramos, o no, en una zona de seguridad a la hora de hacernos cargo de nuestras obligaciones financieras.

Uno de ellos es el cálculo del **FONDO DE MANIOBRA (FM)** o **Fondo de Rotación.** La forma más simple de calcularlo es:

Fondo de Maniobra = Activo Corriente – Pasivo Corriente

Si el Fondo de Maniobra es positivo la empresa no tiene ningún problema en hacerse cargo con su Activo Corriente de sus deudas a corto plazo propias de su Pasivo Corriente Si, por el contrario, el Fondo de Maniobra es negativo la empresa no dispone de liquidez suficiente para atender su Pasivo Corriente. Existe una fórmula alternativa para calcularlo según sean los datos con los que contamos para calcularlo:

FM = Patrimonio Neto + Pasivo No Corriente – Activo No Corriente

Relacionado con ello en ocasiones hablamos de la **SOLVENCIA DE UNA EMPRESA**. Esta hace referencia a la capacidad financiera de la empresa, esto es, su capacidad de pago, para cumplir con sus obligaciones a corto plazo dados sus recursos a corto. Por lo tanto, es la relación entre lo que la empresa tiene y lo que debe a corto plazo.

Para seguir con el análisis de la información contable de la empresa también contamos con los **RATIOS FINANCIEROS.** Estos relacionan entre sí diferentes masas patrimoniales del Balance y de la Cuenta de Pérdidas y Ganancias y sus resultados nos indican si la empresa ofrece seguridad para hacer frente a sus pagos o todo lo contrario. En tal caso, puede que la empresa aun pueda hacer algo para solucionar sus problemas de liquidez aunque también podría mostrarnos una situación límite que la empresa ha de conocer. Es por ello por lo que para cada Ratio se establecen unos valores de referencia.

Los **Ratios** más importantes son los que presentamos a continuación. Para poder elaborarlos necesitaremos disponer del Balance ordenado en sus Masas Patrimoniales.

- El Ratio de **DISPONIBILIDAD** se calcula como sigue:

$$\text{Ratio de Disponibilidad} = \frac{\text{Disponible}}{\text{Pasivo Corriente}}$$

Valores de Referencia:

Cuando el valor del Ratio se encuentra entre 0'1 y 0'3 significa que tiene una Disponibilidad correcta.

Si el valor del Ratio es menor a 0'1 la empresa ha de obtener dinero líquido del Realizable.

Si el valor del Ratio es mayor a 0'3 la empresa tiene recursos ociosos. Esto indica que tiene Disponible parado, al que podría sacarle un mayor rendimiento y no lo está haciendo.

- **TESORERIA**

$$\text{Ratio de Tesorería} = \frac{\text{Realizable} + \text{Disponible}}{\text{Pasivo Corriente}}$$

Valores de referencia:

Si el Ratio es igual a 1 la situación de la empresa es correcta.

Si el Ratio es menor a 1 la empresa está en peligro de Suspensión de Pagos.

Si el Ratio es mayor a 1 la empresa está en riesgo de tener Activos Corrientes ociosos.

- **LIQUIDEZ**

$$\text{Ratio de Liquidez} = \frac{\text{Existencias} + \text{Realizable} + \text{Disponible}}{\text{Pasivo Corriente}}$$

Valores de referencia:

Cuando el Ratio se encuentra entre 1 y 2 la empresa tiene una liquidez correcta.

Cuando el Ratio es menor a 1 la empresa se encuentra técnicamente en Suspensión de Pagos.

Cuando el Ratio es mayor a 2 la empresa tiene Activos Corrientes ociosos.

- **ENDEUDAMIENTO**

$$\text{Ratio de Endeudamiento} = \frac{\text{Pasivo No Corriente} + \text{Pasivo Corriente}}{\text{Patr. Neto} + \text{Pas. No Corriente} + \text{Pas. Corriente}}$$

Valores de referencia:

Cuando el valor del Ratio es mayor a 0'5 significa que el volumen de deudas es excesivo y está perdiendo autonomía financiera.

Cuando el valor del Ratio es igual a 0'5 el volumen de endeudamiento es adecuado.

Cuando el valor del Ratio es menor a 0'5 significa que la empresa dispone de suficiente capacidad de endeudamiento.

- **SOLVENCIA**

Ratio de Solvencia =

$$= \frac{\text{Activo}}{\text{Pasivo No Corriente} + \text{Pasivo Corriente}}$$

Valores de referencia:

Cuando el valor del Ratio es mayor a 2 la empresa ofrece una garantía adecuada a sus acreedores.

Cuando el valor del Ratio está entre 1 y 2 la empresa está demasiado vinculada a los acreedores y debería tomar medidas para evitar una posible quiebra.

Cuando el valor del Ratio es menor a 1 la empresa está técnicamente en quiebra.

- **ESTRUCTURA DE LA DEUDA**

Ratio de Estructura de la Deuda =

$$= \frac{\text{Pasivo Corriente}}{\text{Pasivo No Corriente} + \text{Pasivo Corriente}}$$

No existen valores de referencia pero se aconseja que el valor sea lo más bajo posible.

.

- **RENTABILIDAD FINANCIERA**

$$\text{Ratio de Rentabilidad Financiera} = \frac{Beneficio\ Neto}{\text{Patrimonio Neto}}$$

- **RENTABILIDAD ECONOMICA**

$$\text{Ratio de Rentabilidad Económica} = \frac{BAII}{\text{ACTIVO TOTAL}}$$

- **RENTABILIDAD DE LAS VENTAS**

$$\text{Ratio de Rentabilidad de las Ventas} = \frac{BAII}{\text{Ventas}}$$

En el caso de los análisis de la Rentabilidad de la empresa no se establecen valores de referencia. Se entiende que lo más adecuado es que la empresa tenga de un periodo a otro un Ratio mayor o que el Ratio de la empresa sea mayor que el de la competencia.

3.8. Acciones

En este apartado nos vamos a centrar en un tema del que seguro que hemos leído de vez en cuando en la prensa y que puede que esté relacionado con nuestra empresa en alguna ocasión. Comenzaremos por definir que las **ACCIONES** son cada una de las partes en que se divide el Capital de las Sociedades Anónimas. Todas ellas tienen el mismo valor, por lo que se dice que son partes alícuotas del Capital de la empresa. Cada uno de los propietarios de una Sociedad Anónima recibe un número determinado de Acciones según haya sido su aportación al Capital y recibirá un rendimiento según sean los Beneficios conseguidos por la empresa con su actividad. El poseedor de las acciones es propietario de la sociedad según el número de acciones que posea y dichas acciones son libremente transmitidas sin ser necesario el consentimiento de los demás accionistas.

Dicha transmisión tiene lugar en la **BOLSA DE VALORES.** Se trata de un mercado donde coinciden vendedores y compradores de acciones y donde el valor de éstas está no sólo en función del valor por el que consten en el Balance sino también en función de la oferta y la demanda que exista en ese momento de esas acciones.

En la Bolsa de Valores podemos encontrar dos mercados. En el **MERCADO PRIMARIO** tiene lugar la salida al mercado de las nuevas acciones de las empresas. Dichas acciones son ofertadas por las sociedades para obtener recursos, ya sea para la constitución de nuevas empresas o para realizar una Ampliación de Capital. El llamado **MERCADO SECUNDARIO** es aquel donde se realiza la compraventa de acciones que ya habían sido emitidas antes en el Mercado Primario. En este caso las acciones tan solo cambian de manos. Todos los activos que se negocian en los Mercados Secundarios previamente habían pasado por el Mercado Primario que es dónde se realizó la primera operación de compraventa.

Ahora que sabemos qué son las Acciones hemos de saber cuál es su **VALOR NOMINAL**. Este es su valor inicial, aquel por el cual figuran en un primer momento en el Balance. Para conocerlo hemos de saber el valor del Capital Social de la empresa y saber en cuantas partes iguales, esto es, en cuantas acciones dividiremos dicho Capital.

$$\text{Valor Nominal} = \frac{\textbf{Capital Social}}{\textbf{Número de Acciones}}$$

Quizá lo que nos interese sea conocer el **VALOR TEORICO** de una Acción. En ocasiones nos interesará conocerlo si queremos tener el cuenta todo el Patrimonio Neto donde aparecen, aparte del Capital, otras cuentas como es el caso de las Reservas.

$$\text{Valor Teórico} = \frac{\textbf{Patrimonio Neto}}{\textbf{Número de Acciones}}$$

Además, a veces oímos hablar del **VALOR EFECTIVO DE UNA ACCION.** En este caso nos referimos al valor de mercado que tienen en ese momento las Acciones en caso de que tuviera lugar un intercambio, una compra-venta de Acciones. Este valor depende de la oferta y la demanda, es decir, de la cotización, y lo habitual es que no coincida con el Valor Nominal.

Todo accionista cuenta con unos **DERECHOS Y OBLIGACIONES.** Todo aquel que tenga Acciones en una empresa puede considerarse como uno de sus propietarios. Poseer acciones de una compañía le proporciona legitimidad al accionista y éste puede exigir sus derechos, aunque también le obliga a cumplir con unas obligaciones.

Entre otros Derechos podemos mencionar: participar en el reparto de los beneficios y en el patrimonio resultante de la liquidación si se diera el caso; el poder vender sus acciones libremente; el derecho a subscribir de manera preferente nuevas acciones si tiene lugar una ampliación de capital; el de asistir y votar en las Juntas de Accionistas; el de exigir información sobre la situación de la empresa... Entre otras obligaciones el accionista tendrá que soportar las Pérdidas, si las hay, por la parte que le corresponda.

El **DERECHO PREFERENTE DE SUSCRIPCIÓN** antes citado es la facultad que se les otorga a los titulares de antiguas acciones para adquirir de forma preferente las nuevas acciones. Se hace con la intención de que el antiguo accionista mantenga el mismo porcentaje de propiedad en la empresa. Si no existiera este derecho, un antiguo accionista poseería, a partir de la ampliación de capital, un porcentaje inferior dentro de la sociedad con lo que ello supone a la hora de tomar decisiones. Por supuesto, el antiguo accionista puede hacer uso de ese derecho y adquirir las acciones que le correspondan; o bien puede adquirir las acciones y venderlas después; o bien puede vender directamente el derecho de suscripción a otro accionista de la empresa.

Para conocer a cuántas Acciones tendrá derecho un accionista hemos de conocer cuántas Acciones habían antes de la ampliación, cuántas Acciones nuevas habrán y cuántas Acciones tiene dicho accionista.

Proporción para la ampliación

$$= \frac{\textbf{Número de Acciones antiguas}}{\textbf{Número de Acciones nuevas}}$$

Acciones que puede adquirir

$$= \frac{\textbf{Número de Acciones que posee}}{\textbf{Proporción para la ampliación}}$$

Algunos conceptos más sobre el valor de las Acciones cuando se realiza una Ampliación de Capital son los de:

Acciones a la Par = Nuevas Acciones al mismo precio que tenían las acciones antiguas.

Acciones Bajo la Par = Nuevas Acciones a un precio inferior al precio que tenían las acciones antiguas

Acciones Sobre la Par = Nuevas Acciones a un precio superior al precio que tenían las acciones antiguas

Otro es el de Capitalización Bursátil:

Capitalización Bursátil = Cotización * Número de Acciones

Y también el de Prima de Emisión:

Prima de Emisión = Precio Acción – Valor Nominal

Por último, para acabar dicho tema hemos de tener en cuenta que además de los Accionistas también existe la figura de los **OBLIGACIONISTAS**. **Obligaciones** son cada una de las partes iguales en que se divide un **Empréstito**. Estos son los préstamos concedidos por los particulares a una empresa. La sociedad se compromete, a cambio, a ofrecer un interés pactado desde el principio y que no depende de los resultados de la empresa. El poseedor de una Obligación no es propietario de la sociedad, sino solo acreedor de ésta. Los **Empréstitos** forman parte de la Financiación Ajena para la empresa. Por tanto, **Obligacionistas** son los que realizan este tipo de Préstamo a las empresas.

3.9. Análisis y Selección de Inversiones

Pero el Departamento Financiero también tiene otras funciones y una de ellas es saber valorar cuál ha de ser la inversión a realizar o el proyecto a desarrollar entre varias opciones.

Ante todo hemos de saber qué tipo de Inversiones puede desarrollar la empresa. Puede tratarse de las siguientes:

La **Inversión financiera,** que no es más que la adquisición de un activo financiero, esto es, de obligaciones o acciones de otras empresas, de realizar depósitos bancarios...

La **Inversión inmobiliaria,** que consiste en la adquisición de inmuebles para obtener rentas. No ha de tratarse de los locales donde tiene lugar su actividad.

La **Inversión de reposición,** que pretende renovar un activo viejo por otro nuevo sin modificar la capacidad productiva de la empresa.

La **Inversión estratégica,** que quiere incrementar la competitividad de la empresa mediante la incorporación de I+D+I, de mejores políticas laborales, de nuevas tecnologías…

La **Inversión expansiva,** que tiene por finalidad que aumente la capacidad productiva de la empresa para poder así atender una demanda creciente.

La **Inversión de modernización,** que supone la adquisición de bienes para substituir otros para a incorporar nuevas tecnologías, no porque se hayan estropeado…

La **Inversión substitutiva** se caracteriza pues limita la realización de otras. Se trata de comprar una máquina del modelo B en lugar del modelo A, de comprársela al proveedor X en vez de al proveedor Y.

Para poder proceder al **ANALISIS Y SELECCIÓN DE INVERSIONES** la empresa dispondrá de una cuantía inicial para invertir y varias opciones para hacerlo. De cada una habrá hecho una estimación de los posibles Cobros y Pagos que le reportará cada una de ellas en los próximos años y suponemos que conocerá el tipo de interés del periodo y la posibilidad de conseguir un Valor Residual al final de la vida útil de alguno de los proyectos. Para facilitar los cálculos, en dichos **Análisis de Selección de Inversiones** usaremos el **FLUJO NETO DE CAJA**, esto es, la diferencia entre los posibles Cobros y Pagos.

Disponemos de tres métodos de **Análisis y Selección de Inversiones**. Dos de ellos se recogen en el grupo de **Métodos Dinámicos**, y el tercero en el de los llamados **Métodos Estáticos.** Los **Dinámicos** tienen en cuenta que el valor del dinero no es el mismo a medida que va pasando el tiempo, y ello lo incorpora en sus cálculos por medio del tipo de interés o de una tasa. Los **Estáticos** no lo tienen en cuenta, y consideran que el dinero tiene el mismo valor ahora o dentro de x años.

Entre los **Métodos Dinámicos** encontramos el **VALOR ACTUAL NETO (VAN)** y la **TASA INTERNA DE RENTABILIDAD (TIR).**

El **VALOR ACTUAL NETO (VAN)** es uno de los métodos más usados. Se trata de restarle al valor de la inversión inicial la suma de los valores actuales de todos los **Flujos Netos de Caja**.

$$\text{VAN} = -\text{Inversión Inicial} + \frac{\text{Flujo Neto de Caja Año 1}}{(1+i)} + \frac{\text{FNC Año 2}}{(1+i)^2}$$
$$+ + \frac{\text{FNC Año n} + \text{Valor Residual}}{(1+i)^n}$$

Si un proyecto de inversión tiene un VAN positivo, el proyecto es recomendable. Entre dos o más proyectos que presenten un VAN positivo el más recomendable es el que presente un VAN más alto. Algún proyecto podría presentar un VAN negativo lo que indica que la empresa nunca recuperaría la inversión realizada. Si todos los proyectos que tuviéramos que analizar nos dieran un VAN negativo ninguno de ellos sería recomendable.

Por otro lado la **TASA INTERNA DE RENTABILIDAD (TIR)** nos permite calcular la tasa de descuento (k) que permite que el Valor Actual Neto (VAN) de una inversión sea igual a cero (VAN = 0). Precisamente la incógnita es la tasa que nos permite recuperar la Inversión realizada gracias a los **Flujos de Caja Netos** que obtendremos en el futuro.

$$\text{VAN} = -\text{Inv.} + \frac{\textbf{Flujo Neto de Caja Año 1}}{(1+k)} + \frac{\textbf{FNC Año 2}}{(1+k)^2}$$
$$+ + \frac{\textbf{FNC Año n + Valor Residual}}{(1+k)^n} = 0$$

Las críticas relativas a la TIR parten de la dificultad de su cálculo. Este método considera que una inversión es aconsejable si la TIR (k) resultante es superior al tipo de interés existente en el mercado, pues de calcular el VAN con dicho tipo de interés obtendríamos un VAN positivo. En caso contrario, si el tipo de interés vigente es superior no nos interesaría la inversión pues el VAN resultante de aplicar dicho tipo de interés sería negativo. Si fueran igual los dos, TIR y tipo de interés, sería indiferente realizar la inversión o no. Entre varias alternativas recomendables la más conveniente siempre será aquella que ofrezca una TIR mayor.

Tasa interna de Rentabilidad (o de retorno).

Por otro lado tenemos como **Método Estático** para valorar una inversión el **PLAZO DE RECUPERACIÓN O PAY-BACK**. Se trata de calcular el tiempo (años, meses, días) que tardará la empresa en recuperar la inversión realizada. Este método selecciona aquellos proyectos cuyos **Flujos Netos de Caja** permiten recuperar más rápidamente la inversión, esto es, las inversiones que presenten un periodo de recuperación más corto.

El principal inconveniente es que no tiene en cuenta el valor del dinero en el tiempo. Para su cálculo tendremos en cuenta, año a año, cuánto queda por recuperar de la inversión inicial. Al llegar al año en el que se acabará por recuperar la inversión se ajusta matemáticamente para saber justo en qué mes y día se logrará.

Hemos de tener en cuenta que existen dos métodos más para valorar las inversiones. Uno es el **FLUJO NETO TOTAL (por unidad monetaria comprometida)** con el que se calcula la relación entre los **Flujos Netos de Caja** que la empresa obtendrá durante toda la vida del proyecto y la inversión realizada.

$$FNT = \frac{\Sigma \text{ Flujos Netos}}{\text{Inversión Realizada}}$$

Entre varias inversiones elegiremos la que nos proporcione un resultado mayor. Una inversión será recomendable siempre que el resultado sea mayor a 1 pues así la inversión inicial podrá ser recuperada. Por otro lado, el **FLUJO NETO MEDIO (por unidad monetaria comprometida)** es un método de valoración de inversiones que calcula la relación entre el valor medio de los **Flujos Netos de Caja** que la empresa obtendrá cada uno de los años de vida del proyecto y la inversión realizada.

$$FNM = \dfrac{\dfrac{\Sigma \text{ Flujos Netos}}{\text{Número de años}}}{\text{Inversión Realizada}}$$

Una inversión será recomendable siempre que el resultado sea mayor a:

$$r = \dfrac{1}{\text{Número de años}}$$

De esta manera la inversión inicial podrá ser recuperada.

Si tuviéramos varias inversiones la mejor sería aquélla que proporcionara un resultado mayor.

Con este método las mejores inversiones son aquellas de más corta duración y más altos **Flujos Netos de Caja**.

UNIDAD 4. PERIODO MEDIO DE MADURACION

Cuando en la Asesoría Andrea, Pablo, Sergio o Irene tienen un rato libre les hacen desplazarse a la oficina de los clientes para elaborar algunos informes que les ayuden a tomar decisiones.

Uno de ellos es el cálculo del Periodo Medio de Maduración.

Para ello tendrán que pasar por muchos de los departamentos de las empresas y saber cómo trabajan. Tendrán que estar unos cuantos días observando y preguntando en el Departamento de Aprovisionamiento, en el de Producción, en el de Ventas, en el de Cobros y en el de Pagos.

Sospechan que a veces serán vistos con recelo por parte de los trabajadores pero han de ser conscientes de que forma parte de su trabajo y así se lo han de hacer saber a los que trabajan allí.

Saben que necesitan ampliar sus conocimientos sobre ello por lo que Andrea, Pablo, Sergio e Irene han reunido información sobre dichos temas y se disponen a repasarla.

4.1. Periodo Medio de Maduración Económica y Financiera

Otro de los análisis que ayudan a los directivos a conocer cómo es el día a día de la empresa es el **PERIODO MEDIO DE MADURACIÓN ECONÓMICA** (PMME). Este hace referencia al tiempo que, por término medio, transcurre desde que la empresa invierte una unidad monetaria en la adquisición de Materias Primas o Mercaderías hasta que se recupera dicha inversión gracias al cobro de los Clientes. Consta de 4 periodos:

- El **Periodo Medio de Aprovisionamiento** (PMA) hace referencia al tiempo que tarda la empresa desde que decide adquirir las Mercaderías o Materias Primas y busca proveedores, negocia con ellos, espera que se haga la entrega, y tiene el material en el almacén hasta que se decide a iniciar la actividad productiva. Para calcularlo seguiremos estos pasos:

$$\text{Rotación} = \frac{\text{Compra de mercaderias o materias primas}}{\text{Stock medio de mercaderías o materias primas}}$$

$$\text{PMA} = \frac{360}{\text{Rotación}}$$

- El **Periodo Medio de Fabricación** (PMF) es el número de días que tarda la empresa en realizar su actividad productiva.

- El **Periodo Medio de Venta** (PMV) son los días que tarda la empresa en conseguir vender el Producto. Mientras tanto éste estará en el almacén de productos terminados.

- El **Periodo Medio de Cobro** (PMC) es, finalmente, el número de días que tardará la empresa en cobrar de sus Clientes por las Ventas que ha realizado.

Para calcularlo haremos:

$$\text{Rotación} = \frac{\text{Ventas}}{\text{Saldo medio cuenta de clientes}}$$

$$\text{PMC} = \frac{360}{\text{Rotación}}$$

Según el tipo de empresa de que se trate podría faltar alguno de dichos periodos. En el caso de las **Empresas Comerciales** podría no tener lugar el **Periodo Medio de Fabricación**; en el caso de sociedades que consigan vender inmediatamente sus productos no contarán con el **Periodo Medio de Venta**; además, aquellas empresas que consigan cobrar al contado de sus clientes no incluirán el **Periodo Medio de Cobro**.

Periodo Medio de Maduración Económica = PMA + PMF + PMV + PMC

Por otro lado, el **PERIODO MEDIO DE MADURACIÓN FINANCIERA** (PMMF) hace referencia al tiempo que, por término medio, transcurre desde que la empresa invierte una unidad monetaria en la adquisición de Materias Primas o Mercaderías hasta que se recupera dicha inversión gracias al cobro de los Clientes pero teniendo en cuenta que los Proveedores puede que financien nuestra compra. Si ello sucede hemos de añadir a nuestros cálculos el **Período Medio de Pago** (PMP).

Periodo Medio de Maduración Financiera = PMME – PMP

Aunque si la empresa pagara sus compras al contado no existiría el **Periodo Medio de Pago** con lo que el:

PMME = PMMF

Y por último, hemos de decir que en el caso del **PMMF** un resultado negativo sería deseable para la empresa pues significaría que la empresa cobra de sus Clientes (x) días antes de tener que pagar a sus Proveedores.

Cuando hacemos referencia al **Periodo Medio de Maduración** hablamos del **CICLO CORTO DE EXPLOTACION**. Este comienza con la inmovilización de recursos que tiene lugar con la adquisición de las Materias Primas o de Mercaderías, que continúa con la fabricación, con la venta del producto terminado y acaba con el cobro de los Clientes. Gracias a ello la empresa consigue la recuperación del dinero invertido en la compra de bienes para su Activo Corriente. Se le denomina **Ciclo Corto de Explotación** pues tiene una duración inferior al año y se repite varias veces durante el ejercicio.

Por el contrario, el **CICLO LARGO DE EXPLOTACION** comienza con la inmovilización de recursos para la adquisición de elementos del Activo No Corriente de la empresa: esto es, para comprar Edificios, Vehículos, Maquinaria…

La duración del ciclo para cada elemento de inmovilizado es diferente ya que no se puede prever la misma duración para todos. Pero se habla de **Ciclo Largo de Explotación** pues su recuperación se produce pasados varios ejercicios económicos. El importe de las inversiones en Activo No Corriente se recupera a lo largo de varios ejercicios económicos

UNIDAD 5. DEPARTAMENTO DE MARKETING

Irene, Andrea y Sergio, Pedro no puede pues está con gripe, colaborarán con un importante cliente de la Asesoría para realizarle un análisis exhaustivo de Marketing Mix de un nuevo producto que quiere lanzar al mercado.

Para ello comenzarán con un Estudio de Mercado y buscarán qué segmentos existen en él. Les han dicho que así podrán tomar decisiones más acertadas.

Después, deberán analizar lo que llaman las 4 P's del Marketing para lograr que el producto tenga el mayor éxito posible.

Dicha empresa también vende otros productos por lo que les han pedido que les hagan saber en qué momento de su Ciclo de Vida se encuentran y que les digan, exactamente, cuál es la Cuota de Mercado que poseen en la actualidad.

Por si fuera poco, les han dicho algo sobre qué tipo de necesidad cubren sus productos y que usen la teoría de un tal Maslow.

Con todo ello parece que la empresa podrá decidir las estrategias que desarrollará en el futuro.

Irene, Andrea y Sergio han reunido información sobre dichos temas y se disponen a repasarla.

5.1. Segmentación de Mercados y Estrategias de Marketing-Mix

Por supuesto, usted ya reflexionó sobre qué es lo que va a ofrecer al mercado. Para ello, incluso antes de constituirse como sociedad, habrá realizado un **Estudio de Mercado** gracias al cual detectó cuáles son las necesidades no cubiertas de éste, cómo es, si su idea de producto tiene cabida en él... Uno de los primeros resultados de dicho **Estudio de Mercado** es la **SEGMENTACION DEL MERCADO**. Recordemos que así conseguimos información sobre los subgrupos homogéneos que contiene con el fin de llevar a cabo una estrategia comercial diferenciada, o no, en cada uno de ellos. Así se podrán satisfacer, de la mejor manera posible, sus necesidades a la vez que se alcanzaran los objetivos comerciales de la empresa. Dicha **Segmentación de Mercado** la habrá realizado en función de diferentes variables como son la edad, el sexo, el nivel de ingresos, el tamaño de la familia, el modo de vida, el lugar de residencia…

Dicho análisis es muy importante para cualquier empresa pues le permitirá desarrollar diferentes **ESTRATEGIAS DE MARKETING-MIX**.

Así por ejemplo, si usamos la variable edad para segmentar nuestro mercado puede que nos interese trabajar solo para el grupo de 25 a 55 años. Por este motivo diseñaremos nuestro producto con las características que mejor se adapten a estas personas, y nuestro mensaje publicitario, nuestra manera de vender... se adaptará a ellos. En este caso estaremos desarrollando una **Estrategia de Marketing Concentrada**.

Quizá queramos ofrecer un producto con características diferentes a los menores de 15 años, otro a los que tienen de 15 a 35 años, otro diferente a los que tienen de 35 a 65 años y un último tipo de producto para los mayores de 65 años, usando para cada grupo técnicas de venta y mensajes publicitarios diferentes. En este caso nuestra **Estrategia de Marketing** será **Diferenciada**.

Y si nuestra decisión consistiera en ignorar esas diferencias de edad y ofrecer el mismo producto a todos por igual y de la misma manera estaríamos desarrollando una **Estrategia de Marketing Indiferenciada**.

5.2. Política del Producto. Marketing-Mix

Una vez que usted identificó a su posible mercado seguro que se planteó la **POLÍTICA DE PRODUCTO.** Este es el punto de partida de la estrategia comercial de la sociedad a largo plazo. La empresa la define a través de su Marketing tomando decisiones acerca de los atributos que quiere que el consumidor perciba de su producto. Dicha **Política** recoge decisiones sobre: cómo será su cartera de productos; sobre los recursos de todo tipo que necesitará; sobre el diseño de éstos; sobre los segmentos de mercado en los que ha decidido centrarse; sobre sus estrategias de precio; sobre la distribución de su producto; sobre la promoción de su producto...

De dichas decisiones se encarga el **MARKETING-MIX,** responsable de las llamadas **4 P's** del producto (en inglés): Producto (Product), Precio (Price), Distribución (Place) y Publicidad/Promociones/Relaciones Públicas (Publicity). Por supuesto, todas las decisiones que se tomen en este departamento con relación a estas 4 variables han de estar consensuadas por Dirección, por el departamento de Producción, por el Financiero...

Con relación a la variable **PRODUCTO** recuerde que la empresa ha de definir con el máximo detalle posible cómo es, su diseño, su forma de uso, el material con el que estará fabricado, sus colores, su envoltorio, su envase... También se ha tenido que elegir su

MARCA, esto es, el nombre con el que se identifica y diferencia formalmente el producto. Se aconseja que sea un término sin doble significado, fácil de pronunciar y recordar, y que incluya un logotipo.

En cuanto a la variable **PRECIO** los responsables han de decidirlo en función de la imagen que quieran transmitir con su producto. Pueden poner un precio como el de la competencia; o un precio inferior (siempre y cuando cubra costes); o un precio superior al de la competencia; o un precio muy alto si va a centrarse en un segmento de mercado muy exclusivo y que está dispuesto a pagarlo.

Con relación a la **DISTRIBUCION** la empresa ha de decidir cómo hace llegar el producto a sus clientes, en la cantidad apropiada y en el momento oportuno. Esto es, la empresa ha de decidir cuáles serán los **CANALES DE DISTRIBUCIÓN** más convenientes para el producto que ofrece. La longitud de un **Canal de Distribución** está en función del número de intermediarios que lo integran. Así puede hablarse de **Canales Directos**, **Canales Cortos** o **Canales Largos**.

Un **Canal Directo** es aquel que carece de intermediarios, pues se hace llegar el producto directamente desde el fabricante al consumidor final. La empresa ofrece al mercado sus productos gracias a sus propios medios.

FABRICANTE

COMPRADOR

En ocasiones se habla de **Venta Personal** gracias a la cual se consigue una comunicación directa entre Fabricante y Comprador. Gracias a ella el vendedor puede aclarar dudas que tengan los clientes, ampliar información y además permite a la empresa conocer de primera mano la opinión del comprador. Dicha venta personal permite filtrar el mercado al que queremos llegar pues con ella podemos seleccionar a los clientes que de verdad nos interesan con lo que evitamos llegar a segmentos de mercado no interesados en nuestro producto y podremos ahorrar recursos.

Un **Canal Corto** es aquel que tiene solo un intermediario al contar solo con el **MINORISTA**. En este canal el **Minorista** es aquel que compra a la empresa fabricante y vende directamente a los consumidores. Los **Minoristas** venden pequeñas cantidades, las llamadas «ventas al por menor», al consumidor final por lo que se dice a menudo que realizan «ventas al detalle» y se denomina también **Detallistas**.

FABRICANTE

MINORISTA

COMPRADOR

Por último, un **Canal Largo** es aquel que está formado por un número elevado de intermediarios contando como mínimo con un **Mayorista** y un **Minorista** entre el fabricante y el consumidor final. Los **MAYORISTAS** son aquellos que compran a los fabricantes o a otros **mayoristas** para vender posteriormente a otros intermediarios que pueden ser tanto otros **Mayoristas** como **Minoristas.** Los **Mayoristas** suelen vender grandes cantidades de producto por lo que se dice de ellos que realizan ventas «al por mayor».

Las **Funciones** de un **Canal de Distribución** son: reducir el número de transacciones de la Economía; distribuir físicamente los Productos y almacenarlos; financiar a los diferentes participantes en la compra-venta; realizar actividades de Marketing buscando a los compradores potenciales…

Se ha de destacar que los integrantes de los **Canales de Distribución** suelen adquirir la **Propiedad** de los productos con los que trabajan. De esta manera, tanto **Mayoristas** como **Minoristas** son intermediarios que actúan por cuenta propia al haber asumido la propiedad de las mercancías. No es el caso de los **Agentes Comerciales** que no asumen la propiedad de las mercancías sino que actúan como simples comisionistas.

Hemos de recordar hoy día la opción de muchas empresas de hacer llegar sus productos a sus clientes a través de las **MARCAS BLANCAS.** Estas pertenecen a las cadenas de distribución, generalmente supermercados, con las que se venden productos de distintos fabricantes. Normalmente son artículos más baratos pues la empresa fabricante ahorra en publicidad y promoción que queda en manos del establecimiento. A menudo el producto es el mismo que ofrece la empresa fabricante con su propia marca pero al ser distribuido a través de otra puede venderlo a un precio inferior.

La cuarta variable de Marketing es la que recoge decisiones sobre **PUBLICIDAD, PROMOCION y RELACIONES PUBLICAS.** En cuanto a la **Publicidad** la empresa ha de decidir qué mensaje va a transmitir a sus posibles clientes sobre su producto o servicio, por qué medio hará llegar dicho mensaje, con qué frecuencia… En cuanto a la **Promoción** la empresa tendrá que decidir a menudo sobre cómo incentivar la adquisición de su producto. Puede hacerlo a través de descuentos directos por la compra; de obsequios; de muestras de productos; de vales para próximas compras; de cupones descuento; de un 2 x 1; de mayor entrega de producto por el mismo precio; de ofrecer degustaciones en el punto de venta...

Con las **Relaciones Publicas** tenga siempre presente que la sociedad pretende darse a conocer. No se trata de vender un artículo en concreto, sino la imagen de la empresa. Para ello suelen patrocinar actos culturales, acontecimientos deportivos, ONG's...

5.3. Cuota de Mercado

Con todas las anteriores acciones de Marketing todas las empresas pretenden aumentar su **CUOTA DE MERCADO.** Esta les informa sobre qué parte de las ventas que han tenido lugar en el mercado de su producto ha sido suyas. Para ello deben conocer, a parte de las propias ventas, las que se han realizado en el mercado en el que la empresa actúa.

$$\text{Cuota de Mercado} = \frac{\textbf{Ventas de nuestra empresa}}{\text{Ventas del sector}} * 100$$

5.4. Ciclo de Vida del Producto

Otro tema que toda empresa ha de tener en cuenta es en qué momento del **CICLO DE VIDA** se encuentra su Producto. En función de ello sabrá qué ha de hacer, estará preparada para lo que pueda suceder y podrá tomar decisiones con la suficiente antelación. Es importante tener claro que el **Ciclo de Vida** es de cada uno de los Productos que tenga la empresa, no de la Empresa como tal. Si ésta trabaja con varios Productos tendrá que conocer en qué momento del **Ciclo de Vida** se encuentra cada uno de ellos.

Se suele decir que las fases son las de **Introducción, Desarrollo, Madurez** y **Declive** y lo habitual es relacionar cada fase con las Ventas, la Publicidad, la Competencia y la posibilidad de obtener Beneficios. Su representación gráfica es la siguiente:

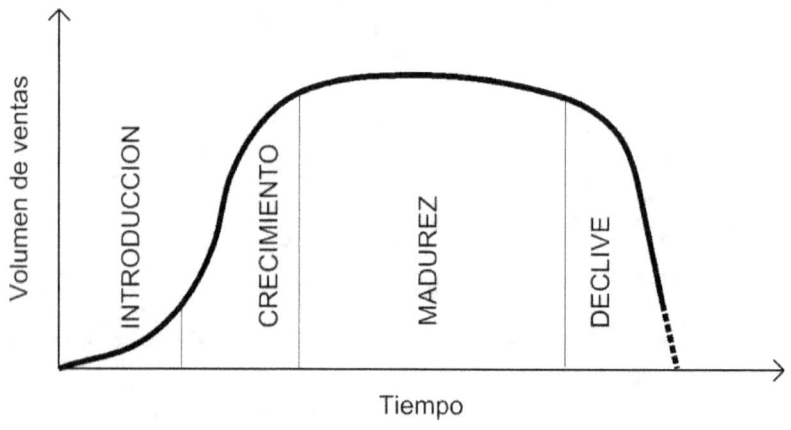

En la fase de **INTRODUCCION** la empresa acaba de entrar en el mercado con un Producto nuevo por lo que las **Ventas** aumentan de una manera muy lenta. Nadie sabe de ella y con la **Publicidad** se dará a conocer lanzando el mensaje apropiado para fomentar la primera compra. Dado que el producto es nuevo en el mercado pues ofrece algo que no existe, nadie más lo hace y no tiene todavía **Competencia** de un artículo como el suyo. Por ello, la empresa tendrá, de momento, más Costes que Ingresos y no tendrá **Beneficios**. Ha de ser conscientes de que su Producto podria fracasar en esta **Fase de Introducción** por no seguir las Ventas la evolución deseada y no salir de la situación de Pérdidas.

En la fase de **CRECIMIENTO** la empresa ha logrado entrar en el mercado con éxito y sus **Ventas** comienzan a crecer de manera importante. Ahora es cuando la **Competencia** aparece pues el Producto ha sido aceptado y otras empresas muestran interés en ofrecer un producto como el suyo. Por ello la **Publicidad** ha de intentar, con su mensaje, que los Clientes no les dejen de comprar ahora que les conocen, que hagan ellos mismos publicidad de éste y fomentar la compra por parte de aquellos indecisos. De esta manera es cómo la empresa comienza a obtener **Beneficios** al tener ya cubiertos los costes gracias a los Ingresos obtenidos con las Ventas.

A la **MADUREZ** llega la empresa cuando ya no hay posibilidad de encontrar nuevos clientes y, por ello, las **Ventas** se estancan. Posiblemente no aparezca más **Competencia** y con la existente el mercado ya está repartido. Una empresa consigue un cliente nuevo solo si lo pierde un competidor. Por ello, la **Publicidad** ha de intentar con su mensaje que sus clientes no les abandonen, que no se olviden de ellos. A menudo se realiza publicidad con mensajes de recordatorio. En cuanto a sus **Beneficios** lo más habitual es que se estanquen. Los Costes quedan cubiertos por los Ingresos y se trata de que ello se mantenga en el tiempo. Muchas empresas permanecen en **Madurez** muchos años.

Tras esta fase pueden suceder dos cosas. Por un lado, puede que la empresa decida realizar algún cambio en el producto y ofrecer algo renovado. Con ello comenzaría un nuevo **Ciclo de Vida** de otro Producto.

La otra posibilidad es que el producto comience su **DECLIVE**. En este caso las **Ventas** comienzan a decrecer. Quizá ha aparecido un producto substitutivo, algún competidor ha tenido más éxito que ellos o el mercado se cansó de su producto. Según sea el caso puede que la **Competencia** también desaparezca o, simplemente, les deje de importar. En el caso de la **Publicidad** quizá ya no tenga sentido seguir gastando en ella o, en último caso, el mensaje será el adecuado para acabar con los últimos stocks de su producto. Y por último, en cuanto a los **Beneficios** poco a poco irán convirtiéndose en Pérdidas. En esta fase de **Declive** la empresa puede optar por "dejar morir el producto" (marcado con líneas discontinuas en el gráfico). Esto es, ir vendiendo hasta acabar con los stocks que le queden o, incluso, fabricarlo en función de que le llegue algún pedido. Esta última opción es la mejor si la empresa sigue ofreciendo nuevos productos y no quiere perjudicar su imagen de compañía que está al servicio de sus Clientes. Por otro lado, algunas empresas pueden decidir "matar el producto" y no poner más unidades a la venta a partir de un momento determinado. Posiblemente sea cuando los Ingresos no cubran los Costes.

Como hemos comentado anteriormente, la empresa puede ofrecer diferentes productos o servicios. Por ello hablamos de:

- **Cartera de productos,** que hace referencia al conjunto de productos con los que trabaja la empresa.
- **Línea de producto,** que es el conjunto de productos de las mismas características que ofrece la empresa.
- **Amplitud de una cartera (o gama) de productos,** que es el número de líneas de productos que ofrece la empresa.
- **Profundidad de una cartera (o gama) de productos,** esto es, el número de modelos, tamaños y variantes de los productos ofrecidos en cada línea de productos.
- **Longitud de una cartera de productos**, el número total de productos ofrecidos por la empresa.

5.5. Las Necesidades del Mercado. Pirámide de Maslow

Como hemos comentado en varias ocasiones, para el departamento de Marketing es muy importante conocer a fondo el Mercado en el que desea introducirse. Por ello uno de los aspectos fundamentales es saber cuáles son las Necesidades existentes y saber cuál de ellas satisface nuestro Producto. Para ello suelen usarle la **PIRAMIDE DE MASLOW** en la que se muestra una jerarquía de Necesidades humanas.

Según Maslow hay cinco niveles de Necesidades que se estudian de abajo a arriba. Para que alguien decida satisfacer una necesidad deberá haber satisfecho, previamente, las necesidades inferiores.

100

En el nivel inferior encontramos las **Necesidades Físicas**. Nadie que no tenga cubiertas las necesidades de comida y bebida necesarias para la supervivencia, un mínimo de salud o poder reposar para poder descansar, pensará en cubrir otro tipo de necesidad.

Por ello, las **Necesidades de Seguridad** aparecerán siempre y cuando las necesidades del nivel inferior estén cubiertas. Solo entonces alguien pensará en proteger su vivienda de las agresiones del exterior, en adquirir alimentos que mejoren su salud, en sentirse seguro.

A continuación, en un tercer nivel, cuando todas las anteriores necesidades están resueltas aparecen las **Necesidades Sociales**. Es ahora cuando aparece la necesidad de relacionarse con otros, de sentir amor y afecto, de pertenecer a un grupo y realizar actividades con otras personas.

Una vez ya lo hemos conseguido las personas sienten **Necesidades de Reconocimiento**, pues ya no solo es pertenecer a un grupo sino sentirse reconocido por sus acciones, por sus logros, por el papel que desarrollan en el grupo.

Y, por último, cuando ya hemos conseguido satisfacer todas las necesidades de los niveles inferiores las personas logran, por fin, la **Autorrealización**. Con ella se alcanza el total desarrollo y potencial de cada uno.

5.6. Estrategias competitivas

Gracias a todo el trabajo descrito hasta ahora, la empresa está preparada para analizar de qué manera quiere diferenciarse de la competencia y ganarse el interés del mercado. Se suelen describir tres **ESTRATEGIAS COMPETITIVAS** que pueden situarle por delante de sus competidores pero optar por una u otra no es fácil. Estas son:

• **Estrategia de liderazgo en costes.** Consiste en lanzar al mercado un producto que ha sido fabricado (o que puede ser ofrecido) con menores costes que la competencia. Se trata de que gracias a ello nuestra empresa podrá lanzar su producto a un precio inferior. Por supuesto, ha de tratarse de un artículo cuya imagen no resulte perjudicada por ser ofrecido a un precio muy bajo por dar a entender que su calidad es también baja.

• **Estrategia de diferenciación.** En este caso la empresa decide ofrecer un producto "único" y basar sus campañas de comunicación en ello. La idea es que el posible comprador lo considere diferente al de la competencia y que, por ello, esté dispuesto a pagar un precio superior. No es necesario que se trate de una diferencia tangible. Puede tratarse de una diferencia basada en la imagen, en el prestigio, en la calidad, en la atención ofrecida, en el servicio post-venta…

• **Estrategia de enfoque o alta segmentación.** Con ella la empresa pretende centrarse de manera exclusiva en un segmento de mercado o en una determinada área geográfica que aún no ha sido cubierta por la competencia o en la que apenas ha entrado hasta ahora. Quizá se decida por esta estrategia si la competencia abarcaba todo el mercado sin atender de forma particular a cierto segmento que no se sentía suficientemente atendido.

UNIDAD 6. ORGANIZACIÓN Y PLANIFICACION EMPRESARIAL

Una de las últimas tareas que les han dado a Pablo, Andrea, Irene y Sergio en la Asesoría ha sido la elaboración de un informe sobre Organización y Planificación empresarial de sus clientes más importantes. Han de estudiar cómo se toman las decisiones en dichas empresas, su plazo temporal, cómo es el estilo de dirección, cómo son sus trabajadores.

Con relación a este tema ya les indican que han de aplicar las teorías de McGregor. Además deberán analizar el proceso de toma de decisiones en dichas empresas y ver si lo hacen en situación de incertidumbre o de certeza.

La verdad es que están muy satisfechos del trabajo que están desarrollando en la Asesoría pues están aprendiendo mucho. Gracias a esta experiencia se sienten bastante preparados para desarrollar su propio negocio aunque saben que no será fácil. Aún tienen mucho por delante.

De momento, y para que en la Asesoría sigan contentos con ellos, Pablo, Andrea, Irene y Sergio han reunido información sobre dichos temas y se disponen a repasarla.

6.1. Organización y Planificación

Por último, hemos de hacer referencia a las tareas relacionadas con la **Dirección** de la empresa. La **ORGANIZACIÓN EMPRESARIAL** es la función que tiene como finalidad diseñar una estructura en la que queden definidas todas las tareas que debe realizar cada miembro de la empresa así como su responsabilidad y autoridad. Además tiene como objetivo ordenar el conjunto de relaciones que surjan en el desarrollo de las diversas tareas.

Para ello es imprescindible el **CONTROL EN LA ADMINISTRACIÓN EMPRESARIAL**. Gracias a él se verifica que todo salga tal y como se había previsto, tanto en lo referente a los objetivos generales de la empresa, en los niveles más altos de ésta, o en los objetivos más concretos propios de un nivel inferior de la organización. El **Control** se realiza con la intención de detectar las Desviaciones para corregirlas lo antes posible y evitar sus consecuencias negativas. Para conseguir información y proceder se realizan Auditorías Internas, se revisan los Presupuestos buscando Desviaciones… Si se localiza alguna se ha de pensar si se ha de cambiar la metodología de trabajo.

Con relación a **LA ACTIVIDAD DE DIRECCIÓN DENTRO DE LA ADMINISTRACIÓN EMPRESARIAL** destaca la planificación a Largo Plazo cuyas decisiones afectarán a toda la empresa siendo responsable del cumplimiento de los objetivos que se haya propuesto. Se trata de elegir las tareas necesarias para conseguir los objetivos. A continuación, desde **Dirección** se han de transmitir dichas tareas a los trabajadores con las instrucciones y procedimientos adecuados en cada caso. Para ello se han de crear las situaciones de trabajo idóneas para lograr la motivación de los trabajadores. Por ello, es necesario conocer cómo son los empleados y una de las teorías más válidas sobre ello es la **TEORÍA X e Y DE MCGREGOR.**

Según la **TEORIA X** los empleados no están interesados en trabajar, solo lo hacen a cambio del salario que reciben, no quieren tomar decisiones, no quieren tomar responsabilidades, no son creativos, solo saben cumplir órdenes… El estilo de **Dirección** a aplicar a estos trabajadores es la **Dirección Autoritaria,** donde se le indica a cada uno qué ha de hacer y cómo hacerlo, marca los tiempos de realización del trabajo, dicta unas normas estrictas a seguir y no tiene sentido motivar ni delegar responsabilidades.

Según la **TEORIA Y** a los empleados les gusta trabajar, les motiva la tarea que realizan, no les importa tomar decisiones y están dispuestos a asumir responsabilidades, son creativos en su trabajo… El estilo de **Dirección** ideal para estos empleados es la **DIRECCIÓN DEMOCRÁTICA.** La Dirección puede confiar en sus empleados, sabe que agradecerán recibir formación, puede permitir que los empleados participen en la toma de decisiones y en las negociaciones de los objetivos de la empresa. Se suele delegar en ellos.

En la empresa todo comienza con la **PLANIFICACIÓN** siendo ésta la **Tarea previa** del administrador o director de la organización. La **ACTIVIDAD** (función) **DE PLANIFICACIÓN** es la primera de las actividades de la dirección de la empresa. Esta consiste en fijar los objetivos deseados; en marcar las estrategias que se han de seguir para conseguirlos; en definir las políticas de la empresa; y en establecer los criterios de decisión para conseguirlos. Para ello, se han de analizar todos los objetivos según sean a Largo Plazo o a Corto Plazo y se clasifican por departamentos. Dicha **Planificación**, llamada también **PLANIFICACION ESTRATÉGICA O CORPORATIVA,** se desarrolla desde Dirección y es el proceso que sienta las bases de la actuación a **Largo Plazo** de la empresa. Recoge, por tanto, los cursos de acción que se han de seguir, formula los indicadores de seguimiento e involucra a toda la empresa. Es el proceso en el que se deciden los **Objetivos** de la empresa, los recursos necesarios para lograrlos y las políticas que orientarán el logro de tales objetivos.

Las **ETAPAS EN UN PROCESO DE PLANIFICACIÓN** son:

- Un **Análisis en profundidad de la situación inicial**. Se analiza la situación de la empresa y de su entorno y se toma conciencia de las oportunidades existentes para poder aprovecharlas.

- La **Fijación de los Objetivos**. Se marcan y concretan las metas a las que se quiere llegar, saber con detalle qué queremos conseguir.

- La **Creación de alternativas o determinación de las líneas de actuación**. Se marcan los diferentes caminos que han de llevar a la empresa hacia sus objetivos teniendo en cuenta el Presupuesto que se dispone.

- La **Evaluación de las alternativas**. Se trata de valorar y analizar cada una de las líneas de acción, estudiar los puntos fuertes y débiles y evaluar sus costes, sus riesgos, las dificultades que hay que superar.

- **Elección de una de las alternativas**. Se decide cuál se seguirá.

- **Control de las desviaciones**. Por supuesto se habrá escogido una alternativa creyendo que es la mejor, pero es posible que la realidad evolucione de una manera diferente y que esta alternativa no dé los resultados esperados. En tal caso deberán analizarse de nuevo las alternativas iniciales, se valorará si alguna de ellas es posible aun y, según la experiencia de lo sucedido, hemos de actuar de una manera diferente, para lo que realizaremos las modificaciones necesarias. Por ello, se ha de hacer un continuo seguimiento de los planes para corregirlos de ser necesario.

Los **PROCEDIMIENTOS EN LA FUNCIÓN DE PLANIFICACIÓN** son los pasos a seguir para poner en marcha la alternativa decidida. Es la secuencia cronológica de las acciones requeridas para uniformar la conducta de los empleados y poder predecirla con mayor seguridad. Son los **MANUALES** de cada departamento que definen las formas de trabajo. Por ejemplo, en el departamento de compras el **Manual** definirá cómo llegan los pedidos de los clientes, quién los recibe, cómo los cursa, a quién le pasa la orden, quién prepara el pedido, cómo se tramita el envío del pedido, quién emite la factura, quién controla el cobro...

Se ha de tener en cuenta que los **OBJETIVOS EN EL PLAN**:

- **Han de ser realistas**, pues los departamentos implicados han de tener todos los recursos necesarios para poder alcanzarlos en el momento adecuado.

- **Se han de establecer prioridades** entre los diferentes objetivos, valorando siempre el coste de oportunidad que supone una elección u otra.

- Se deben alcanzar con el **menor número de consecuencias imprevistas** y sus costes deben ser mínimos.

Hemos de ser conscientes desde Dirección que las decisiones pueden tomarse en **SITUACIÓN DE CERTEZA**, que es aquella en la que se conoce con seguridad cómo se va a comportar el mercado, el gobierno o el entorno económico más cercano. Supone que los responsables de la empresa conocen por adelantado el resultado de su elección. Se trata de creer que los objetivos que se persiguen están bien definidos y que la empresa tiene toda la información necesaria, que se puede medir y que es fiable. Por ello, se tiene cierta seguridad sobre el resultado que se obtendrá de cada una de las alternativas. En la realidad son pocas las decisiones que se toman bajo condiciones de **Certeza.**

Lo más habitual es tomar decisiones en **SITUACIÓN DE INCERTIDUMBRE.** En este caso desde Dirección se desconoce cómo se va a comportar el mercado, el gobierno o el entorno económico más cercano. Aparecen variables que no están bajo control y sobre las que la empresa tiene poca o ninguna información. Además, no puede predecir el futuro basándose en experiencias pasadas.

Muchos de los Objetivos de la Empresa están relacionados con la manera en la que quiere crecer. Desde Dirección puede ser que se opte por el **CRECIMIENTO INTERNO.** Este es el realizado por la organización gracias a inversiones en su propia estructura tales como la construcción de nuevas instalaciones, la contratación de personal, la compra de maquinaria…. Gracias a ello la Empresa aumenta su capacidad productiva. Está suele ser la manera más habitual de crecimiento de las empresas pues es más barata aunque se tarda más en lograrlo.

La otra manera de crecer es gracias al **CRECIMIENTO EXTERNO.** Este es el realizado por la empresa a través de la adquisición, asociación o control de otras empresas ya existentes. A menudo es la manera más rápida de entrar en un mercado nuevo aunque es más caro que el **Crecimiento Interno** y puede ocasionar problemas como el encontrar la empresa adecuada para adquirir o para asociarse.

www.ingramcontent.com/pod-product-compliance
Lightning Source LLC
Chambersburg PA
CBHW072305200526
45168CB00014B/669